20歳のとき、北米最高峰デナリの頂にはじめて立った。
このアラスカ遠征から極北へ向かうすべての旅がはじまった。(1998年)

アラスカ北極圏、シシュマレフ村の海岸で子どもたちを遊ばせながら
アザラシの解体をしていた女性。男たちは漁に出かけている。（2006年）

上空から見たタルキートナの街並み。この小さな街がデナリへ向かうセスナの発着点となる。
厳しい遠征に臨む登山者のオアシスでもある。（2016年）

大きな砂州の上にあるシシュマレフ村は、温暖化の影響によって年々土地が削られ、この十数年のあいだに風景は大きく変化した。（2006年）

グリーンランド最大の都市ヌークの沿岸で、カヤックを漕ぐ地元の男たち。
「エスキモーロール」という技の練習をしている。(2004年)

グリーンランドのイルリサットで、犬ゾリによる猟に同行した。
この街は、人口と同じかそれ以上の犬が暮らしている。(2006年)

カナダ北極圏の街、イヌビック郊外の凍ったマッケンジー川の上で、
年越しのパーティーが開かれていた。ぼくはここで元日を迎えた。（2008年）

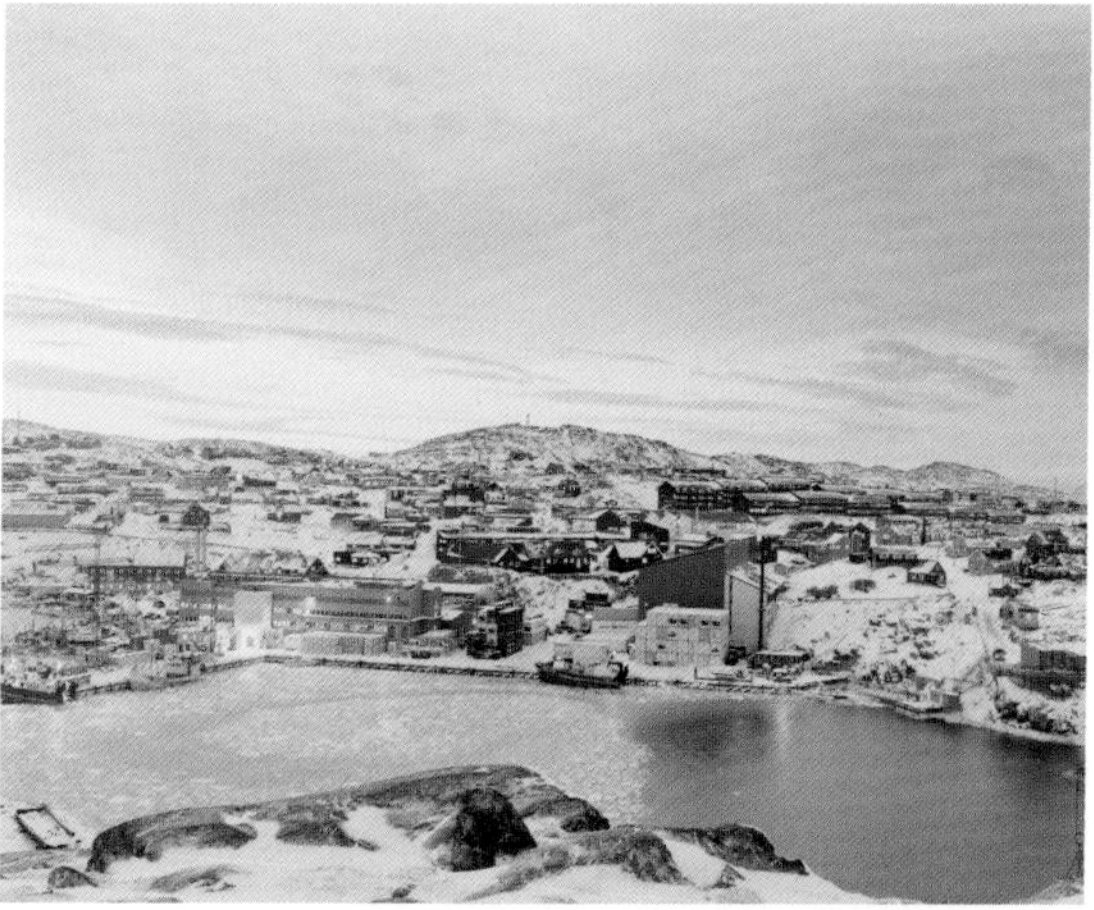

グリーンランドで3番目に大きな街、イルリサット。西海岸の氷河の河口部に位置している。
これを撮影したのはクリスマスの時期で、夜はオーロラが見えた。（2006年）

古い壁画を探すため、
ノルウェー北極圏を訪ねた。
ヨーロッパ最北端の
ノールカップ岬の近くで、
サーメの女性と出会う。(2006年)

世界最北の人の居住地、ノルウェー領スヴァルバール諸島。
キャンプミラーと呼ばれる小屋のまわりには鯨の骨が散乱している。(2017年)

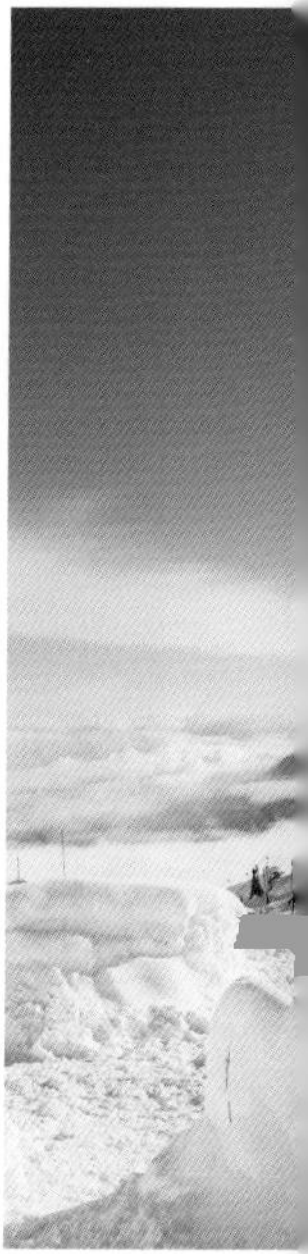

デナリのウエストバットレスルート、標高4330メートルにあるキャンプ4。
遠くにアラスカ第2位の標高を誇るフォーレイカーが見えている。(2016年)

アラスカ、シシュマレフ村の郊外。狩猟を生活の基盤とするこの村では、
シロクマの毛皮をズボンに仕立てて穿いている男たちを見かける。（2006年）

極北へ

石川直樹

毎日文庫

極北へ　目次

SPAIN
PORTUGAL
ITALY
FRANCE
Atlantic Ocean
GERMANY
DENMARK
COPENHAGEN
UNITED KINGDOM
SWEDEN
Norwegian Sea
RUSSIA
NORWAY
ICELAND
ALTA
KARASJOK
NORD KAPP
Denmark Strait
Labrador Sea
NUUK
Greenland Sea
Barents Sea
ILULISSAT
KANGERLUSSUAQ
SVALBARD
(NORWAY)
Greenland
(DENMARK)
Baffin Bay
Huron
Superior
Foxe Basin
Hudson Bay
Kara Sea
Arctic Ocean
Laptev Sea
CANADA
Beaufort Sea
Great Slave
Great Bear
TUKTOYAKTUK
75°N
INUVIK
the Arctic Circle
East Siberian Sea
DAWSON
FAIRBANKS
KOTZEBUE
WHITEHORSE
SHISHMAREF
SITKA
P.R.CHINA
ANCHORAGE
NOME
Alaska
Gulf of Alaska
The sea of Okhotsk
60°N
UNITED STATES OF AMERICA
MT.DENALI
Bering Sea
TALKEETNA
JAPAN
45°N
Pacific Ocean
30°N
180°

DENALI

デナリ

極北の大地とのつきあいは長い。

その源は、ぼくが高校生の頃に遡る。十七歳になったばかりの夏、はじめての海外一人旅でインドに行った。インドでの体験はそれまでの自分を粉々にしてしまうほど強烈で、その衝撃ゆえに、帰国後もしばらくは悶々としていた。まわりがそろそろ受験勉強をはじめようという時期に、ぼくは一人そうした日々に疑問をもち、自分が進むべき活路を学校生活に見いだせなくなっていた。テストでいい点をとるために年号や公式を暗記することを半ば放棄し、世界中を旅して写真を撮り、文章を書いて生きていくためにはどうしたらいいか、そんなことばかり考えていた。

カヌーイストの野田知佑さんと出会ったのも、その頃だった。野田さんは、世界中の川をカヌーで下りながら、体験的なエッセイを書き続けている。彼の本は、読んだ人を今すぐにでも旅に誘ってしまう吸引力があり、特に年若い中高生にとっては劇薬のようなものだった。

ぼくは彼の影響でカヌーをやりはじめ、その延長で川の環境問題などについて、にわかに関心をもちはじめることになった。そんな折、岐阜県から愛知、三重を流れる長良川に河口堰《かこうぜき》を建設するという話が持ち上がり、生態系を破壊する旧来のダム建設に反対するデモが、野田さんや作家の椎名誠さんらを集めて長良川の河川敷で開催されることになった。今から思えば、なぜそんなに急いでいたのかわからないのだが、ぼくは高校の制服を着たまま電車に飛び乗って岐阜まで行き、そのカヌーデモに参加したのだった。

夜、ぼくは野田さんとはじめて直接言葉を交わした。制服を着た高校生などいなかったので、野田さんのほうから話しかけてくれたのだ。それが最初の出会いだった。

彼に進路の悩みを打ち明けると、意外なことに「大学にはちゃんと行け」と言われた。世の中にはいろいろな人がいて、大学へ行きたくても行けない人がいるのに、お前は何を言っているんだ、と。行ける環境にいるなら大学へ行け、と至極当然なアドバイスなのだが、それが野田さんの口から出ると説得力があった。

その後も交流は続き、鹿児島の家に遊びに行ったこともあった。ただ、会いに行ってもカヌーの漕ぎ方なんて教えてくれなかったし、何かを訊いても自分で考えろ、と言われるばかりだった。今でもよく覚えているのは、「人の家に居候するときは、米だけは持って行け」、「メシを食い終わったら最初に皿を洗え」、「アラスカへ行くなら寝袋を二重にして持って行け」という三つのアドバイスである。寝袋を二重にしろというのは、ぼくがスーパーで買ったような安い寝袋を使っていたからだろう。重ねないと寒いぞ、という野田さんなりの優しさだったと思う。何事にも口うるさくない代わりに、本当に大事なことだけを教えるという野田さんの姿勢は、おそらく今も変わっていない。

アドバイス通りどうにか大学に滑り込んだぼくは、大学一年の夏にカナダとアラスカにまたがるユーコン川下りを実現させた。野田さんの著書にはたびたびアラスカの原野のことが登場したし、『ユーコン漂流』という著書もある。ユーコン、それは極北の荒野を流れる一本の長い川であると同時に、高校生の頃から思い続けた自分の憧れの象徴でもあった。

ぼくの背中を押してくれたのは、野田さんばかりではない。当時、ふらふらと訪ねた本屋の店頭で、ある雑誌を見つけた。表紙は、陽の沈みかけた荒野に熊のような男が立って腕を組んでいる写真に「FORGET ME NOT」とだけ書かれている。それは『SWITCH』という雑誌で、アラスカで熊に襲われて亡くなった写真家、星野道夫さんの追悼特集号だったのだ。

星野さんは学生時代に偶然出会った一枚のアラスカの写真に魅せられ、その後アラスカに居を構えて、その土地の自然と人々を追い続け、写真はもとよりエッセイなどを含め数々の心に響く作品を残している。

雑誌のページをめくっているうちにずどんと重たいものが身体の中に落ちてきた。何だかいてもたってもいられなくなり、ぼくの頭の中にはアラスカの原野に吹く風やユーコンの大いなる流れが渦巻きはじめた。『森と氷河と鯨』などをはじめ、星野さんの著作を目に付いた先から読んでいくと、今まで漠然としか描かれていなかった自分の進むべき道が、先住民文化や人類の旅路をヒントに動きはじめていく。ユーコン川下りを何としてでもやり遂げようと心に誓った。

一年浪人して大学に入ったばかりの一九九七年夏、ぼくはアラスカとの国境に近いカナダ東部のホワイトホースという小さな町に向かった。そこはユーコン川最上流部に位置し、北極海に注ぐ大河の源を見守ってきた静かな大地である。

日本から重量三〇キロほどの折りたたみカヌーを背中にかつぎ、体の前にはキャンプ用具を目一杯詰め込んで鍋などもぶら下がったバックパックを抱え込んでいた。ザックの横には、折りたたんだカヌーのパドルまで差してある。体の前後にザックをかつぐという荒業によって、本当に腰が砕けそうになりながら、ぼくはバンクーバーに到着した。そこからバスを乗り継ぎ、ようやくホワイトホースにたどり着くことができた。

川辺でカヌーを組み立て、大量の食料やキャンプ用具を積み込むと、カヌーは喫水線ぎりぎりのところまで沈んだ。さらに自分が乗り込むと、カヌーは半分沈没しているかのようになってしまった。（こんなカヌーで本当にユーコンを下れるだろうか……）と先のことが急に不安になり、恐ろしくなっていく。ぼくはたった一人で川を下ろうとしているのだ。沈没しても、熊に出会っても誰も助けてくれる人はいない。

意を決してパドルを河岸に押しつけると、カヌーが無言で水面を漂いはじめた。ことさら漕いだりしなくても、川の流れのままにカヌーは川下へと下り、左右の風景がゆっくり後ろに流れていった。前方には蛇行した水の流れが続いていて、それ以上先にどんな風景が待ち構えているのかは行ってみないとわからない。そのとき、何かがふっきれた。これから川の上での生活は、すべて自分の行動にゆだねられている。自分は自由だ、と感じた。二十歳そこそこの若者が考える自由なんてたかが知れているのだが、このときは本当にすべてから解放された気分だった。

毎日毎日、ぼくはユーコンに浮かびながら幸せだった。食料の分配を間違えてひもじい思いをし、夜のざわめきと熊の足跡に怯え、速い瀬にさしかかるたびに瞬きを忘れるほど緊張した。が、悠久のときを経ても変わらない原野の中に、自分がたった今存在しているということが嬉しくて仕方なかった。ユーコンで生活していると、自分の未熟さや人間の弱さを痛感し、濃密な生命の気配にくるまれておのずと畏怖の念が湧き上がってくる。そのような気持ちは何か特定のものにあてられるものではなく、この大地へと向けられた漠とした想いが折り重なったものだった。

ユーコン川では、今そこにいない動物の気配を常に意識する。熊やムース、カリブーといった、人間と互角あるいはそれ以上の体軀《たいく》をもった野生動物がそこら中に潜んでいるので、カヌーを降りても気を抜けない。いや、むしろ川の上のほうが安全である。

時折、遠くの岸辺にそうした動物たちの姿を見つけると、風景はある別の広がりをもって、自分自身とこの世界とのあいだに密接な関係を築いてくれる。小さな畏れや大地そのものへ向けられた意識は、いつしか自然への畏敬の念へと変化する。

朝から一日中漕ぎ続けたある日の晩、いつもと同じようにスプルースが生い茂る河岸にテントを張ることにした。卵を入れたラーメンと白米をひたすら食べ、やがて焚き火にくべる枝がなくなると、テントの中に入って寝袋にもぐり込んだ。うとうとしているとテントの外で草がすれる音がする。風ではない。あきらかに歩いている生き物の気配だ。熊だろうか？　テントのまわりだが、そんなに近距離ではない。ぼくの身体にはいつのまにか鳥肌がたっていた。

音が聞こえなくなったので、確認のためにテントの外へ出た。夏の極北は日が長い。深夜零時過ぎだというのに、まだうっすらと明るかった。あたりをみまわすと、ある大きな生き物の姿が目に飛び込んできた。その瞬間、ぼくの身体は凍り付いたように動かなくなってしまった。チーターがいる、そう思ったのだ。

ユーコン川の流域にチーターなどいるわけがないのだが、そんなことはどうでもよかった。一〇メートルほどの距離に人間の子どもくらいの動物がいて、その鋭い二つの眼はこちらを凝視している。今にも飛びかかってきそうで、ぼくには背を向けて逃げることすらできなかった。

どのくらい時間が経っただろう。チーターのような生き物は、軽快な動きで草むらに消えていった。まだかすかに気配が残る森を見つめながら、ぼくの心の中にはざわざわとした動揺がくすぶり、いつまでも消えない。

あとで調べたところ、その生き物はリンクスと呼ばれるオオヤマネコであることがわかった。その出会いを経た瞬間、風景はある緊張感をもちはじめ、ぼくの中の世界が書き換えられていくのを感じた。自分が心を揺さぶられたのは、リンクスそのものの姿ではなく、リンクスをそこに存在させている極北の自然だったのかもしれない。たった一頭の見知らぬ動物との出会いによって、漠然と視界に入っていた風景が、ある一つの完成された世界へと移行していく。それは不思議な体験だった。

動物と人間が同じ目線をもち、お互い畏怖の念をもって向き合える大地は、今や希有な存在である。「はるか昔、人間と動物が同じ言葉を話していた」という先住民の神話はおとぎ話ではなく、畏れるべき存在をもっていた本来の人間の思考から生まれたものだったのだ。

たとえ都市に生きていたとしても、野性は今でも人間の奥深いところに息づいている。眠っている野性を呼び覚まし、今見ている世界が世界のすべてではないということを思い出すためには、自分と切り離されたものとして風景を眺めるのではなく、自分と繫がる環境として地球を感じなくてはならない。

一ヶ月かけてユーコン川を下り、ドーソンという町に着いたとき、ぼくの二十歳の夏が終わった。日本に帰り、あらためて野田さんや星野さんの著作を読み返しながら、神話の時代に生きていた人々や受け継がれた大地にたまらなく惹かれていった。アラスカの荒野はぼくの心象風景として身体にしみこみ、ことあるごとに頭をよぎっていく。かの地へ再訪を願う念は思った以上に速いスピードで形になろうとしていた。アラスカンジャイアント、デナリ登山の話が舞い込んできたのだ。

一九九八年晩春、ぼくはアラスカの象徴であり、北米大陸の最高峰でもあるデナリを登るために日本を発った。当時は日本山岳会による、気象観測機器設置登山隊というものが存在していた。隊の目的は、デナリの標高五七〇〇メートル地点に観測機器を設置して、気象観測をするというものである。ヒマラヤなどでの経験も豊富な登山家の大蔵喜福さんが率いるその登山隊は、一九九〇年から毎年隊を編成し、観測機器のメンテナンスを行っていた。幸運にも、その隊にぼくは荷物運びの一人として参加させてもらう機会を得た。まわりは現役の大学山岳部の部員たちばかりで、ぼくのような自己流の登山しか知らない者は他にいなかった。しかし、ユーコン川下りなどの経験（登山にどれほど役に立つかはわからないが……）と熱意を買われて参加することになったのである。

デナリとは地元先住民の言葉で「偉大なるもの」、「大いなるもの」、「高い山」などという意味をもっている。元々は十九世紀のアメリカ大統領ウィリアム・マッキンリーにちなんでマッキンリー山と呼ばれていたのだが、一九八〇年にデナリ国立公園という名称に変更されて以来、デナリという呼び名が定着した。そして二〇一五年、オバマ政権時代に正式名称がマッキンリーからデナリに変更されたのだ。

星野さんもアラスカに来た当初、夏になるとこの山を取り囲むデナリ国立公園の山河を歩き、ホームグラウンドにしていたという。あたりは春から夏にかけて白夜になっており、一日中太陽が沈むことはない。雪と天候の状態は五月から七月までが良いとされていて、最も成功率が高いのは六月だと言われている。五月初旬はまだ低温で風が強く、七月は温暖だが大気の状態が不安定で、氷河の合間にあるクレバスの規模が大きくなってしまうため、六月あたりがちょうどいいとのことである。ぼくたちは五月末〜六月上旬の登頂を目指した日程を組んでいた。

自分にとってはじめての高所登山がこのデナリだった。出発前に冬の富士山でトレーニングはしていたものの、ソリを引くのも山スキーを使って歩くのも何もかもがはじめてである。南峰六一九四メートルと北峰五九三四メートルの二つのピークからなるデナリは、緯度の高い地方にあるため、ヒマラヤの七〇〇〇メートル程度の高度に相当する環境だと言われ、頂上付近ではうねるような風が吹きすさぶ。初心者にとっては高すぎるほど高い壁なのだ。

デナリはふらっと立ち寄ってそのまま登れてしまう山ではなく、少しばかり面倒な手続きを要する。まずは麓《ふもと》の町タルキートナにあるレンジャー・ステーションまで登山申請をしなくてはならない。それも登山開始日の六十日前までに。今では申請したメンバーにはもれなくデナリ登山に関する詳細な情報が満載の日本語版の小冊子が送られてくるらしいが、ぼくのときにそんなものはなかった。

ただ、今も昔も変わらないのは、入山する直前にレンジャー・ステーションに立ち寄って、現在の天候・雪崩・氷河の状況と衛生上の注意事項などを含んだオリエンテーションを受けることだ。インドに行ったことがあったとはいえ、二十歳のぼくの英語はまだまだ未熟で、オリエンテーションの細かな内容を完全に理解するには程遠い状態だった。が、自分なりに解釈して登山に臨んだ。このような事前のオリエンテーションが設けられているのも、デナリがそれだけ厳しく、気軽に登れる山ではないということだろう。

デナリには、三十を超える登攀《とうはん》ルートがあるが、ノーマルルートと呼ばれて最もポピュラーなのは、西面のウエストバットレスというルートである。ぼくたちもこのルートを使った。

幾日かの天候待ちをしたあと、アンカレジから北へクルマで三時間走ったところにあるタルキートナへ移動し、さらにそこから小さなセスナに乗ってデナリの麓へ向かった。白い雪に覆われたアラスカの山々は、日本の緑の山に慣れた者にとってことさら神々しく感じられる。

最初に降り立つのは、標高二一四〇メートルのランディングポイントと呼ばれる平地である。ここから頂上までは、距離にしておよそ二八・五キロだが、そのあいだには標高差四〇〇〇メートル以上の登りが待ち受けている。

きちんと高度順応をしながら登っていくと、通常は頂上まで二週間程度、その前後の準備期間も合わせると、三週間の登山期間が必要になってくる。登山期間が少々長いため、装備・食料・燃料など合わせた重量は一人あたり四〇キロほどになり、背中のバックパックと、腰につけたロープで引くソリにこの荷物を分配して、自力で運ぶことになる。デナリにはヒマラヤのようなポーターやシェルパといった頼りになるサポーターは存在せず、荷運びを誰かに頼ることはできない。

スキーとソリによるアプローチははじめての経験だったので、最初は慣れずに難儀した。後ろのソリが安定せず、左右に振られてバランスを崩しやすいし、ロープが絡まってしまうこともある。また、ヒールフリーの山スキーは「単純に歩くようにして滑ればいい」という話だったのに、最初は体重の乗せ方がつかめず、歩くよりもよっぽど疲れてしまった。

ランディングポイントからの歩き出しは、晴れていると太陽の照り返しによって、気温が三〇度を超えることもある。逆に、頂上近くではマイナス三〇度にまで下がるから、その温度差はかなり大きい。

ようやくスキーに慣れてくると、滝のような汗が噴き出してきた。顔には上からも下からも存分に紫外線を浴び、サングラスを着けた目のまわり以外の部位がひりひりしてきた。平坦な雪面が続くのだが、隠れたクレバスがあるというので気が抜けない。上に新雪がかぶさり、見えなくなっているクレバスがいくつもあるという話だった。スキーを履く理由には、クレバスへの滑落防止という側面もある。

ただし、スキーを履いて行けるのは三三五〇メートルの第三キャンプまでだ。そこから頂上までは、スキーではなく、ピッケルとアイゼンを使って登っていく。第三キャンプから先は、二人や三人でロープを結びながら移動し、一人がクレバスに落ちたり滑落しても、他の仲間が確保できるようにする。これを「アンザイレン」という。

スキーを脱いでから最も重要になってくるのが、登山技術うんぬんというよりも、高所に順応できるか否かということだった。身体がうまく順応してくれないと、高山病や肺水腫になって登山を中止しなくてはならない。

高所に行けば、身体はその気圧に合わせてゆっくりと順化していくが、同時に衰退も起こる。そこで身体の順化機能を最大限に発揮させるためには、日中はなるべく高い所に登って低酸素の感覚を身体に覚えさせ、就寝時はそれより低い所に下りて休養をとるということを繰り返して、徐々に自らを変化させていくことが求められる。こうした極地では自分の身体状況を正確に把握し、うまくコントロールすることが登頂への必須条件となっている。

登りはじめて一週間近くが過ぎ、ぼくは最後のアタックキャンプまでもう少しのところまできていた。岩と雪のリッジを慎重に進んでいく。左側は鋭く切れ込んでいて、足を踏み外したらまず助からないだろう。標高五〇〇〇メートル付近の岩場は、烈風によって雪が吹き飛ばされ、黒い花崗岩が剝き出しになっている。しぶとい雪がところどころにこびりつき、全行程の中でも歩くのに最も気を遣う場所の一つだった。

斜めに傾けたナイフの刃の上を歩くように、一歩一歩慎重に足を前に引っ張りあげる。高山病の影響で身体が思うように動かず、ぼくは何度もよろめいていた。(こんな場所に自分なんかが来るべきではなかったのではないか……)。二十歳の自分は弱かった。容赦なく風に叩きつけられ、大気に晒された顔は、凍傷とも雪焼けともわからないように黒褐色になり、感覚がなくなっていた。はっきりしない意識の中で、一歩踏み出すごとに力が弱まっていくのだけはわかる。

目前に突き出した大岩をなんとか乗り越え、ふと上を見上げると三羽のワタリガラスがくすんだ鉛色の空に舞っていた。標高五〇〇〇メートル近いこの場所からさらに高い空中を、三つの黒い威容が大きな羽を広げて旋回していたのだ。ぼくは呆然と宙を見上げながら、『森と氷河と鯨』に登場するワタリガラスの神話を思い出していた。それは、遠い日のこの世界が生まれたときの物語。ワタリガラスは世界の創造主であり、木や動物や魚たちをはじめとするあらゆる生物にたましいを吹き込んだすべての根源として描かれていた。

酸素の薄い極寒の空を悠々と舞う三羽のワタリガラスと自分のあいだに存在する「今」は過去にも未来にも属していない。一分一秒の時の流れとは異なる永遠に続くような一体感の中で、やがて三羽のワタリガラスは風に巻かれるようにぼくの視界から消えていった。

凍った強い風が濡れ雑巾のように頬を打ち、何度体を切りつけ、すり抜けていったことだろう。ぼくはこの不思議な出会いに何かが揺り動かされるのを感じていた。肉の塊のようだった両足に力が戻ってくる。ユーコン川を下っていたときと同じく、自分が今ここにいることに喜びを感じて、力をふりしぼった。

その二日後、ぼくは六一九四メートルのデナリの頂に立つことになった。最後の稜線は、仲間に引っ張られるようにしてようやく登り切った。頭痛はなかったが、高度障害からくる眠気でぼんやりしていて、本当にどうにか登り終えたという状態である。

ぼくは高校生の頃に出会った野田さんや星野さんの著作によって極北へと導かれていった。それから十年、毎年のように極北の大地に通い続けている。その原点は、ユーコン川下りであり、このデナリ登山である。あのときの内から湧き上がってきた生きる喜びを、今でも忘れることはない。終わりのない長い旅は、このときからはじまったのだ。

ANCHORAGE

アンカレジ

一九九八年の晩春、ぼくはデナリに登頂し、アンカレジの街に戻ってきた。ここはアラスカ州最大の都市であり、州の人口七十三万人のうち、約四割がアンカレジに住んでいる。海外からアラスカにやってくる観光客にとっては玄関であり、登山者にとっては起点となる街だ。

ぼくはデナリ登山による雪焼けでたぬきのような顔になっており、街を歩いていると多くの人に「Did you make it？（成功したのか？）」と声をかけられた。それは無論、デナリに登頂したのかい？　と聞いているのだ。誇らしげに「Yes！」と言うと誰もが祝福してくれた。ぼくは心底幸せだった。デナリはアラスカに住む人々に深く愛されており、心に刻まれた憧憬の一つなのだ。それはアラスカに住む人のみならず、ぼく自身にとっても同じことだった。植村直己さんが眠るアラスカンジャイアントは、これからもずっとぼくの聖地であり続けるだろう。

デナリから帰ると、お世話になっていた加藤さんのお宅で荷物を下ろし、ぼくはゆっくりとシャワーを浴びた。加藤さんはアンカレジで旅行会社を経営しており、日本から来た登山隊を受け入れて、ホームステイをさせてくれていた。登山隊ばかりではない。当時、「グレートジャーニー」と呼ばれる南米からアフリカ大陸へ向から雄大な旅を続けていた医師で探検家の関野吉晴さんたちがベーリング海峡横断に向から前も、加藤さんの家に泊まって準備をしている。加藤さんは、アラスカのあちこちへ向から旅人の良き理解者であり、頼れる存在として日本人の登山家や冒険家、探検家たちのあいだでその名が知られていた。

日本山岳会の気象観測機器設置登山隊も、加藤さん宅の大きなガレージで時間をかけて荷造りをし、キッチンを貸してもらって大騒ぎしながらペミカンを作った。ペミカンというのは、タマネギやニンジンなどの野菜と肉をラードで固め、それを袋詰めにしたものだ。火にかけるとすぐに食べることができる登山用の携帯食であり保存食でもある。元々は北米先住民の調理法だったというが、今では日本式にアレンジされて、登山の際に携行されている。今回の隊は、大学の山岳部が主体となった隊だったので、ペミカン作りも手慣れていて、ぼくは言われた通り手伝うだけでよかった。

こうした準備の前後、加藤さんの家の前にある公園でフリスビーをして遊んだり、何度も道に迷いながら食料の買出しに行ったりもした。五月だったのでアンカレジの街に雪はなく、新緑が目にまぶしかったのを思い出す。

加藤さん夫婦には、ソウちゃんという小学校低学年くらいの息子がいて、人見知りせず、遠いところからきた異邦人たちにも人なつっこかった。あれから二十年近く経った今、ソウちゃんは立派に成人しているはずで、どのように成長しているのか想像もつかない。

その加藤さん宅で新しい服に着替えた後、日本へのお土産でも買おうかとアンカレジのダウンタウンを歩いた。ダウンタウンは碁盤の目のように整然と区画されていて、ちょっとだけ札幌にも似ている。西にクック湾、東にチュガッチ山脈があり、街から車で十五分も走れば、手つかずの自然に触れられる。清冽な空気が広々とした街を包んでいて、ぼくは都市なのにのんびりした空気をもつこのアンカレジという街が嫌いではない。

アンカレジのダウンタウンにはショッピングモールや映画館、アウトドアショップや飲食店などが建ち並んでいる。どこの都市でも見かけるような土産物屋も多い一方で、変わり者が経営する個性的な店も多い。たまに見かける毛皮店もそうした気になる店の一つだった。

アラスカでは帝政ロシア時代からヨーロッパの貴族などに上質な毛皮が売れて

いた。その名残で、今でもダウンタウンに何軒かの毛皮屋がある。上等なコートを買う人は少なくなったが、手袋や帽子などの小物は観光客にも人気があるらしい。

目立つ毛皮屋の一つ、「ファー・アラスカ」という店に入ってみた。この店のオーナーは日本語が堪能ということで、店内の壁には日本から来た観光客やビジネスマンの名刺がぎっしりと貼られていた。デナリに登って気が大きくなっていたのか、毛皮なんて買う気もないのに店に入ってはみたが、やはりいたたまれなくなってすぐに外に出た。

その毛皮屋の近くに、一軒の本屋があった。「クック・インレット・ブック」という名前で、直訳すれば「クック入り江書店」とでもいおうか。ぼくは何気なく店に入り、海外の書店に行くといつもするように、まずその土地について書かれた専門書のコーナーへ向かった。棚は入口の近くにあり、品揃えは豊富だった。棚の本を手にとり、立ち読みをしようかと思ったそのとき、ぼくは一人の日本人に出会った。熊のような風体のその男の名は河野兵市さん。後に北極で命を落とす稀代の冒険家だった。

「河野さんですか？」とぼくが話しかけると、彼はゆっくりと振り返って言った。

「そうですが」

いかつい身体と鼻の下の髭は冒険家という肩書きにふさわしい。痩身のぼくとは比べものにならないくらい、彼はたくましい外見をしていた。それはアラスカのマウンテンマンと比べても遜色がない。まだ十代の頃、ぼくは日本で河野さんに一度お会いしたことがあった。

「以前、河野さんが北磁極へ向かう際の壮行会に出席して、Tシャツに河野さんのサインをもらいました。その後、北極から直筆の絵葉書を送っていただいたこともあります」

彼は、ようやく合点がいったという顔つきになって、「ああ、そうでしたか」と言った。そしてぼくにアンカレジへ来た理由を話してくれた。

河野さんはサハラ砂漠をリヤカーをひいて横断し、単独徒歩で北極点にも到達している。さらなる大きな冒険として、たどり着いた地球のてっぺんである北極点から日本の自宅まで歩いて帰るという壮大な計画を立てていた。ルートはこうだ。まずは北極点からスキーを使って歩きはじめ、カナダのレゾリュートを経由してアラスカへ入り、ベーリング海峡をカヤックで渡ってシベリアに到達する。その後は、凍った間宮海峡をスキーで渡ってサハリンに入り、サハリン島を北から南へと縦断して、最終的には日本の愛媛県にある自宅まで帰る。この遠征は後に「リーチングホーム」という名がついて、多くの支援者が生まれた。

このときアラスカのアンカレジへは、ベーリング海峡を横断するためのカヤックの練習と下見を兼ねてやってきたのだ、と彼は言った。

河野さんはその本屋で、知人へのおみやげにウィル・スティーガーという世界的に有名な冒険家の北極行について描かれた薄い写真集を買おうとしていた。それを見て、ぼくもついその本を買ってしまい、今でもうちの本棚に入っている。

後にぼくはウィル・スティーガーの仲間であるマーティン・ウィリアムスによって計画された「Pole to Pole」という国際プロジェクトに参加し、北極から南極まで一年がかりで旅をすることになる。そして、その旅のはじまりの地であるカナダのレゾリュートという極北の小さな村で、アンカレジの書店での出会いから二年ぶりに河野さんと再会することになった。彼は二〇〇一年にスタートする

「リーチングホーム」の最後の下見として、レゾリュートへ氷の状態を調査しに来ていたのだ。

レゾリュートで河野さんに話しかけると、すぐにアンカレジの書店で出会ったことを思い出してくれた。「Pole to Pole」については、日本でも事前に新聞などで報道されていたため、河野さんも知っており、ぼくたちはお互いの今後の計画を話して、最後に固い握手を交わした。それがぼくが河野さんを見た最後の日になった。

レゾリュートで二度目の再会を果たした後、翌年の二〇〇一年三月、彼はついに「リーチングホーム」をスタートさせた。平穏なスタートとは決して言えず、北極点からレゾリュートへ向けてスキーで南下を開始した直後に凍傷を負い、一時レゾリュートに戻り、治療を終えてから五月に再スタートを切っている。そしてその直後に連絡を絶った。

当時、ぼくは「Pole to Pole」の旅を終え、二〇〇一年の初頭に日本へ帰国し、三月から世界最高峰チョモランマへ登るためにチベットに来ていた。二〇〇一年五月二十三日、ぼくはチョモランマに登頂する。そして、七大陸最高峰登頂の最年少記録を更新することになった。

チョモランマの登頂から二日後、ぼくは六四〇〇メートルのアドヴァンスベースキャンプまで下ってきて体を休めていた。何人かの新聞記者に衛星電話で登頂の報告を入れていた際、ある記者が、言いにくそうに河野さんの件をぼくに告げた。河野さんとの連絡が途絶えたのを知ったのは、そのときだった。ぼくは一年前にレゾリュートで交わした力強い握手を思い出した。あのような屈強な人でも、こうも簡単に命を失ってしまうのか。

チョモランマに登頂した直後で、ぼくの身体はぼろぼろだった。胃腸の機能は低下し食事も満足にとれず、足元もおぼつかない。記者からの電話を切ると、ぼくはテントの外によろよろと出て、少し離れた場所に小さな石を積み上げてケルンを作ることにした。チョモランマの六四〇〇メートル地点のその場所は岩だらけの谷になっており、まわりを氷河に囲まれている。ぼくは小さなケルンに向かって手を合わせ、静かに河野さんのことを想った。

後に河野さんの遺体は海に落ちて凍った状態で発見された。探検仲間から、河野さんが北極点付近にいた際、その地域全体に地殻変動があったらしいという話を聞いた。その地殻変動によって足元の氷が揺れて河野さんはリードと呼ばれる氷の割れ目に落ちたのではないか、と。北極は南極と違って、海に浮かぶ大きな氷の集まりである。北極点は海上にあり、そこに立つというのは、流れる氷が北極点の緯度経度に達したときに一瞬だけ立つという意味なのだ。だから、北極点の周辺は動き続ける氷と氷がぶつかり合って盛り上がり、足場が悪いどころか、無数のリードが口をあけている。リードの下に大地はなく、暗く冷たい海しかない。

あくまで推察の域を出ないが、単独徒歩で北極点に立つという偉業を成し遂げている河野さんほどの熟練した冒険家が、不注意からリードに落ちるだろうか。天変地異という予測不能な出来事によって足元をすくわれるというのは、あながちありえないことではない。

一九九八年五月、デナリ登頂直後のアンカレジでの出会いは、その後の一連の時間の経過の中で浮かんだり沈んだりしながら、ぼくの前に現れては消えていった。あのとき、毛皮屋をのぞいていなかったら、ぼくがその後にたとえ書店に入っても河野さんと会わなかったかもしれない。

アンカレジの街角には色とりどりの花が植えられている。長く暗い冬が明けると、アンカレジ市民はことさら色彩を求めるのだろうか。街をあてもなく歩き続けていくと、町外れから遠くにデナリが見えた。デナリは分厚い雲の下にあって、夕陽に照らされてオレンジ色に輝いていた。凍り付いた斜面をゆっくりとスキーで登っていったこと、仲間と寝袋をよせあって寒さをしのいでいたハイキャンプ、アイゼンを利かせながら這い上がるように登った頂上付近、足がおぼつかなかった下山、今ではすべてを懐かしむことができる。ぼくはその瞬間を全力で生きていたし、そうでなければあの頂に立つことなどできなかった。

その後、ぼくは幾度となくこのアンカレジを訪ねることになる。冬のアンカレジは寂しいけれど、美しい。夜空に舞う粉雪が街灯の光に照らされながら絶えず降りかかり、音を吸収して静寂があたりを包む。アラスカの旅は、いつもこの街からはじまり、この街で終わった。アラスカの記憶は幾重にも堆積し、自分の中に、ある層を成していた。それは根雪のようになって、死ぬまで溶けることはないだろう。いや、死んでもそれは残るのかもしれない。

はじめてアラスカに来たのが、デナリ登山のときでよかった。初の高所登山の記憶は今でも強烈に身体に刻まれている。別れに繋がる出会いを経験したのも、このときがはじめてだった。アンカレジはそうやって忘れられない土地になっていく。他のどんな場所が記憶から消えようとも、この街はぼくにとってずっとはじまりと終わりの地で在り続けるだろう。アラスカはいつもこの地からはじまるのだ。

FAIRBANKS

フェアバンクス

ユーコン川を折りたたみカヤックに乗って旅をした翌一九九八年、ぼくはアラスカの最高峰であるデナリに登頂した。デナリ登頂後、アンカレジに帰ってきたぼくは、仲間と別れて一人アラスカに残り、北のフェアバンクスへ向かった。

そのときはアラスカ大学を訪ねて博物館をまわったり、星野道夫さんの『グリズリー』や『ムース』といった写真集を大学のショップで眺めたりしていた。ぼくはそれを読みながら、星野さんを惹きつけてやまないアラスカの大地に、ようやく自分が来ることができたのを嬉しく思ったものだ。春も半ばを過ぎてワスレナグサがあちこちにつつましく、そして力強く咲いていたのをよく覚えている。ぼくが二十一歳になった夏のことだった。

それから四年後の二〇〇二年、ぼくは再びアラスカ行きを計画していた。以前から興味をもっていた犬ゾリについて各地で話をうかがいながら、アラスカを旅しようと思っていた。

ユーコン川下りは夏、デナリは晩春の頃だったので、十二月という冬の最中にアラスカへ行くのははじめての経験となる。マイナス三〇度にも達するという冬の極北地方に行く前は少しばかり緊張する。強烈な寒さは人間を追い詰めていくからだ。荷造りも自然と慎重になった。

シアトルを経由して、アンカレジ空港に到着したとき、外では雨が降っていた。十八時間の時差で寝不足になった頭が幻を見たのかと思った。十二月のアラスカなのに、雪ではなく、雨が降っている。後々、人に聞いてみると、最近の暖冬傾向の中でも二〇〇二年は特に暖かく、雪が少なかったのだそうだ。大雪の関東地方といい、雪のないアンカレジといい、その年はなんだか妙な天候だった。

アンカレジから車に乗り、北へ七〇キロほど行ったところにあるワシラという町を目指した。ワシラの郊外には犬ゾリのプロマッシャーである今野道博さんが暮らしている。一度もお会いしたことはなかったが、日本で知人を介して紹介してもらったので、まずは今野さんのお宅へと向かった。

路面は凍結し、町にはうっすらと雪が積もっている。アンカレジを離れるにつれて、雨は次第にみぞれへと変わっていった。冬のアラスカは日照時間が極端に短い。日の出は九時半頃で、日没は十五時過ぎである。午後になると途端に暗くなりだして、時間の感覚を失うことになる。

北欧などと同じように、寒く、そして暗い冬にアルコール依存症の患者や自殺者が増える。雪解けの時期に、ユーコン川に張った氷が割れる日を予想する賭けが行われたり、その時期に各地の村で盛大なお祭りがあるのは、春の到来を心から待っている人々の強い気持ちの表れだろう。希望の光は、長く続く漆黒の闇があるからこそ、そのありがたみを心から感じることができるのだ。

車の窓ごしに見える風景が徐々に暗くなってきた。ぼくはワシラの町を過ぎて、目印となる看板を見つけた。ハイウェイをそれて、白樺が生える小道に入っていくと、犬の鳴き声が聞こえてきて、それが次第に大きくなった。ああ、と思った。この感じは以前に経験したことがある。二〇〇〇年の「Pole to Pole」プロジェクトの途上で立ち寄ったカナダのホワイトホースという町で、ぼくは犬ゾリのマッシャーであるロッド・テイラーという人の家に泊まらせてもらった。居候の自分に課せられたそこでの役割は、犬たちに飲ませる水を交換することだった。人間が近づくと犬たちはいっせいに吠え出して、あたりに鳴き声がこだまし、ぞくぞくする。あのときの感覚を思い出したのだ。

近くにはいくつかのログハウスがあり、そのうちの小さな一軒家の前でベージュの汚れたつなぎを着て、斧を振るっている人がいた。近寄ると、ぼくの顔を見て、ニッコリと笑った。彼が今野さんだった。

挨拶もそこそこに、作業を見学させてもらうことにした。ちょうど犬に与える食事を作っていて、全長が一メートル以上もある凍ったキングサーモンを斧で叩き割っているところだった。頭を切りはなし、胴体の部分を豪快に輪切りにして、外にあるコンロの上に置いてある鍋にぶちこむ。身をほぐして、犬の食事に混ぜるのだという。

「あったかいっしょ？」

今野さんは気さくな方だった。確かに想像していたよりは寒くなかったが、それでも日が暮れてからは気温がだいぶ下がっている。ぼくが曖昧な返事をすると、「マイナス二、三度だから今日なんかは暑いよ。雪が少ないから、犬ゾリの訓練もできなくて」と言う。

雪があまり積もっていないと、土と雪が混ざって地面がシャーベット状になってしまう。そうした状況では犬の足を傷つけてしまうばかりでなく、ソリも傷み、さらにはソリのブレーキも効かなくなってしまうのだ。今週、予定されていた犬ゾリレースも雪がないため、中止に追いやられている。こんなに雪が降らないのは、何十年に一度のめずらしいことだ、と今野さんは言った。

ぼくが今野さんのそばで作業を見ていると、小柄な女性がやってきた。今野さんと同じ年季の入ったつなぎを着ている。今野さんの娘さんかと思ったら、その人が奥さんのサトさんだった。彼女もまたマッシャーであり、夫婦二人で犬たちの世話をしているのだ。

今野さんは一九六二年に北海道の芦別市に生まれ、二十代後半から犬ゾリにのめり込み、九五年と九六年の日本大会で優勝した。その後、世界二大スプリントレースの一つ、オープン・ノースアメリカン・チャンピオンシップに優勝し、アメリカ大陸以外からの初のチャンピオンになっている。九九年からアラスカに居を移し、犬ゾリに人生を捧げている方である。

六杯の大きな白いバケツに、肉をメインにしたどろどろの犬の食事が満たされた。少し生臭いがビタミンやミネラルの配分も考えられていて、「おれよりもよっぽどいいものを食べてるよ」と今野さんは笑った。

四輪駆動の小型バギーに今野さんとサトさんが乗り込み、ぼくも同乗させてもらった。バギーの後ろには荷車がつけられて、そこにエサを入れたバケツが乗っている。今から腹を空かせた犬たちのもとへ夕食を運ぶのだ。途中、何十もの犬小屋があり、鎖に繋がれた犬たちがいた。あたりには今野さんの他にも数人のマッシャーたちが住んでいるらしい。

目指す犬たちのところに到着し、犬小屋のあいだを歩いていくと、彼や彼女らは一斉に吠えはじめる。鎖をはちきれんばかりに伸ばし、支点を中心にぐるぐる回りながら、見知らぬぼくのことをじっと見つめている。

今野さんは八十頭もの犬とそれと同数の犬小屋を管理していて、その犬たちがバギーの到着と同時に吠え続けていた。慣れていないぼくはその光景にただただ圧倒されるばかりだった。それぞれの犬には当然のことながら名前がついており、今野さんはエサの入ったバケツとそれを掬《すく》うおたまを持って、犬たちに話しかけながら食事を与えていった。犬小屋は長方形の板で作られた立方体をしていて、おたま一杯の食事を犬小屋の屋根の上にかけてやると、それを犬たちはむさぼるように食べ、舐めまわしていた。

「犬ってもともと群れで生きていますから、そのボスが良くないと群れが滅びてしまうんです。それが自然の厳しさですよね。犬たちに尊敬してもらえるようなボスにならないといけない。それでこそ、いい結果が出せるようになるんだから」

そう彼は言いながら、一頭一頭の犬の性格に合わせて、ときに穏やかに、ときに厳しく話しかけながらエサを与えていた。

あたりにはスプルースだろうか、少し前に起こったという山火事で立ち枯れてしまったまっすぐな針葉樹が、空に向かって立ち並んでいる。すでにあたりは真っ暗だというのに、東の空の一点だけがぼんやりと赤く染まっていた。出来損ないのオーロラかと思ったら、近くの町の明かりが空気中に含まれた水分などに反射し、空をあのような茜色に染めているのだという。

ぴりぴりする冷たい空気が肌を包んでいく。これが今野さんの日常だと思うと、自ずと敬意が湧いてくる。彼はもともと札幌在住でシベリアン・ハスキーを飼っており、北海道で開かれた犬ゾリの大会に出場したことをきっかけに、この世界にのめり込んでいくことになった。犬ゾリは日本の相撲よろしく、アラスカの州技になっていて、今野さんは本場の大会に出場するためにこの地への移住を決心したのである。犬ゾリができるのは、雪のある冬場だけだから、夏はデナリ国立公園でツアーガイドをし、冬になると大会に出場するという暮らしを営んでいる。アラスカでしかできない生き方そのものだ。

その日はワシラの近くにあるウィロー という街のモーテルに泊まった。翌朝、ウィローからさらに北のフェアバンクスへとぼくは向かった。フェアバンクスはアンカレジやウィローとは比べものにならないくらい寒い、という先入観があったために、道路が凍っていても、街中を歩いている人をほとんど見かけなくても驚きはしなかったが、それでもやっぱり寒かった。寒さの感触だけは、いくら想像してもしきれないものだ。これで暖冬といわれるのだから恐ろしい。

フェアバンクスに来たのは、同じく犬ゾリのマッシャーとして知られる舟津圭三さんに会うためだった。舟津さんは、過去に南極大陸を犬ゾリで横断し（しかも大陸の最長距離を！）、全長一〇〇〇キロ以上におよぶアラスカの犬ゾリレースを代表するアイディタロッドという大会に出て三十五位という好成績で完走した経験をもつ日本屈指の犬ゾリマッシャーの一人である。今野さんと違って、長距離のレースを得意としている。
舟津さんはフェアバンクスの郊外に住んでおり、そのお宅にいたるまでには長い一本道を車で行かねばならない。道路に降り積もった雪は鉄板のように硬く凍り付き、車輪を四方八方に滑らせる。道の両側には垂直に伸びた木々がたち並び、そこにもまた雪が積もって、幻想的な白い森をつくりだしていた。

舟津さんの家は幹線道路からそれた静謐な森の中にあった。短い昼が終わり、夜の帳《とばり》が落ちた午後、家の前に車をとめると舟津さんが家のほうから歩いてきた。膝下までの長靴を履いた足取りは軽く、思ったより細身で、背は高かった。挨拶もそこそこに家へ向かった。今晩は友人らを集めた餅つきパーティーが開かれるという。

舟津さんは、ぼくが参加した「Pole to Pole」プロジェクトの主宰者、マーティン・ウィリアムスと共に極地を旅した経験をもっている。「Pole to Pole」の旅の終盤、ぼくは南極をマーティンと一緒に旅し、同じテントで寝泊まりしているあいだに、彼から舟津さんの話を幾度となく聞いていた。「ケイゾーは寡黙な男で、犬の気持ちを誰よりもわかっていた」とマーティンが話していたのを思い出す。

温かい電灯が灯った室内に入り、舟津さんと極地に関するさまざまな話をした。舟津さんは仲間と共に北極点に向かうスキーツアーを企画し、実行している。これは、北極点から数十キロ離れた地点にベースキャンプを張り、そこからスキーを履いて北極点を目指すという世界で唯一のとてつもないツアーだった。

実際にはロシアからチャーター機とヘリコプターを使って北緯八九度三〇分の地点へと向かい、そこからスキーを履いておよそ六〇キロの行程を歩いて北極点に到達したという。

二回目の北極点ツアーは、ロシアではなく、ノルウェーのオスロ経由で北緯八八度三〇分地点に行き、そこから歩きはじめるそうだ。その際、グループの装備は犬ゾリで運び、個人装備だけを隊員それぞれが自分のソリで引っ張る予定だという。

経験豊かな舟津さんに先導してもらえるツアーといっても、北極点は北極点である。気温はマイナス三〇度からマイナス四〇度で、「プレッシャーリッジ」と呼ばれる乱氷が行く手を阻み、相当の苦労を強いられるだろう。ちなみに、前年のツアーでは凍傷を負った参加者も出たようだが、日本からは男性三人と女性一人が北極点に立ったそうだ。

北極点に関する話を聞くたびに、頭の中にあの美しい風景が甦ってきて、自分がその場所を旅している姿を想像してしまう。「Pole to Pole」のときに北磁極には立ったが、北極点には行けなかった。いつか北極点に立ってみたい、なによりあの白い氷の上をまた歩いてみたい。もちろん苦しい思いをするのはわかっているのだが、気持ちがこみ上げてくるのを止められない。

家のすぐ近くに、舟津さんが自ら作った丸太小屋のサウナがある。夕飯をいただく前に、そのサウナに入ることになった。家の中で水着に着替え、半裸のまま、凍えるような寒さの中をタオル片手に小屋まで走った。小屋の中には暖炉があり、乾いた薪がぱちぱちと音を立てている。小屋内は吸い付くような重い蒸気に満たされていて、以前カナダで経験した先住民のスウェットロッジを思い出した。

ぼくはもともと長風呂が苦手で、温泉などに行ってもそんなに長く入っていられない性質なのだ。サウナでも同様だが、舟津さんの話を少しでも長く聞きたくて、なるべく身体を動かさないようにしながらじっと耐えた。全身から汗が噴き出てきて、意識が朦朧としてくる。限界に近づきそうになると、裸で外に出て、冷たい空気で頭を冷やした。こうした出入りを繰り返し、一時間近く経った頃、ぼくはギブアップして先に家に戻った。

家では舟津さんの奥さんの恭江さんが今晩の餅パーティーの準備をしており、徐々に近郊に住む友人たちが集まってきたところだった。ぼくは餅が大好きで、正月にはお雑煮の餅を八個食べるのが習慣のようになっているのだが、このときは十個以上食べたかもしれない。つきたての温かい餅に手を伸ばしながら、日本からアラスカに移住した人々の話に、時間を忘れて聞き入ってしまった。

夜の闇が深みを増す頃、集まった人々は三々五々自分の家に帰っていったのだが、ぼくはそこに留まり、泊まらせていただくことになった。舟津さんの家の二階に布団を敷いて電気を消すと、深く濃い静寂が家の内外を包んでいった。

こんなにも静かだというのに、なぜかなかなか寝付けない。左右に寝返りを打っては時々瞼を開いた。そこには目を閉じたときと変わらない暗闇がある。身体を起こすと、闇に目が慣れるのを待って、ゆっくりと立ち上がった。階段を下り、寝間着のまま外に出た。外に出てみようと思ったのは、窓の外にうっすらと浮かんでいた光を直接見たかったからだった。扉をあけて雪の地面に足を踏み入れると、スプルースの森の向こうに弱い光が見える。オーロラだ。

淡い光の筋が微妙な曲線を描いている。カーテンのようにくっきりと見えているわけではなく、まわりに呑み込まれそうな小川のようだった。微《かす》かに動き、揺れる。くっきりとしたオーロラではなかったが、その淡い光に立ち会えてぼくは充足していた。

人はその眼でとらえた光景を心に一つずつ刻んでいく生き物なのだ。老境にさしかかったとき、温かい日差しを浴びながら、いつかこの風景を思い出せればいいと思う。光の帯が隔てるその先の世界には、いったい何があるのだろう。ゆるく、うっすらとした光が、夜空の果てにいつまでも揺らいでいる。強い寒気のために長くは外にいられなかった。ぼくは引き戻されるように室内に戻り、再び横になると、いつのまにか深い眠りに落ちていた。

翌朝、犬の鳴き声で目が覚めた。窓から外をのぞくと、おもてに繋がれている犬たちのそばに舟津さんがいた。ぼくは急いで着替えをし、ひんやりとした空気を頬に感じながら舟津さんと犬たちのところへ向かった。

犬ゾリは極北地方の道路の少ない地域で交通手段として生まれたのがはじまりだった。一九六〇年以降、カナダやアラスカなどでは、移動の手段としての犬ゾリは徐々に衰え、現在では完全にスポーツ競技の一部として発展している。アイディタロッドやユーコンクエストといった二〇〇〇キロ近くを走るとてつもない長距離レースもあり、日本からも参加者が出たので、大会の名を耳にしたことがある人も多いだろう。国際隊に参加し世界ではじめて南極を犬ゾリで横断した舟津さんも、過酷なアイディタロッドを見事に完走している。

こうした大会で競技を共にする犬たちと一緒に散歩に出かけるというので、ぼくも連れて行ってもらうことにした。森には木々のあいだを縫って小さな道があり、背の高いスプルースにうっすらと雪が積もっている。犬たちはものすごい勢いで駆け回り、身体全体で喜びを表していた。犬たちだけではなく、ぼくも気持ちが高揚していた。身をよじらせるような冷たい空気がぼくは好きだ。朝の森の散歩は実に爽快だった。

その日、舟津さんの家からフェアバンクスの市街に戻ることにした。帰り際に、恭江さんから手作りのおにぎりをいただいた。過ぎゆく者への気配りは、世界中を旅してきた舟津さん夫婦ならではの優しさだろう。心遣いに心底感謝し、ぼくたちは別れた。

ご夫婦の温かさが身に染みた二日間だった。厳しい土地で感じた人の温もりは白い大地に鮮やかな色彩を残す。こうして冬のアラスカの思い出は、単なる風景の記憶以上に深くぼくの中に刻まれていった。

TALKEETNA
&
SITKA

タルキートナ／シトカ

まだ雪が残る二〇〇四年初春、デナリ山麓の街・タルキートナを訪ねた。目的はデナリ山塊のルース氷河に建てられた一軒の小さな山小屋へ行くことである。山小屋は、カムチャツカで亡くなった写真家・星野道夫さんのお気に入りの場所で、彼はそこを拠点に何度もオーロラなどの撮影に出かけている。山小屋の所有者は、星野さんとも親しかったブッシュパイロットのドン・シェルドンである。今回ぼくは知人の紹介で、その小屋に宿泊すべく事前に予約を入れていたのだ。

以前、デナリに登りに来た際、ぼくはタルキートナに数日間だけ滞在した。デナリ登頂から六年の月日が経っていたが、村は何も変わっていなかった。地面は雪というよりは固い氷に閉ざされていて、宿の前をほんの少し歩くときでさえ、滑って転ばないように足元に注意を払う必要があった。

村の中心部にある一軒のレストランには、冬のデナリで亡くなった冒険家・植村直己さんの写真が飾られている。その店の大きなハンバーガーを食べた後、植村さんはセスナに乗って、厳冬期の山に入った。そして登頂に成功後、行方不明になってしまう。原因についてはさまざまな説があるが、頂上直下のデナリパスに吹き荒れる強風が鍵を握っていると考えられる。植村さんはあの風に飛ばされてしまったのではないか。

壁にあった写真は、セスナの中で植村さんが屈託のない笑顔を浮かべているものだった。彼の笑顔は出会った者の心を一瞬にしてひらいてしまう魅力がある。彼こそ生まれついての旅人であり、唯一無二の冒険家でもあった。ぼくは今でもそう思っている。


デナリのベースキャンプやルース氷河までは定期便などがないため、セスナをチャーターするしかない。しかし、この時期山の天候は変わりやすく、少しの風の変化で欠航することも多かった。ぼくがタルキートナに着いてから数日間は、案の定予定通りにセスナが飛んでくれず、足止めをくうことになった。

セスナが飛ぶまでのあいだ、宿から車で数十分のところにある川や森などに行って、冷たいアラスカの空気を身体中で感じながら天候が安定するのを待っていた。近くの蛇行した川は結氷しており、一人くらいだったらその上を歩いても割れる気配はない。遠くにはデナリとその弟分のようなフォーレイカーの頂が見え、澄んだ空気がことさら気持ちを羽ばたかせてくれる。

ある日の夜、ぼくはタルキートナの宿を抜け出して、再び川原へと向かった。夜になって雲が出はじめていたが、もしかしたらオーロラが見えるかもしれない。ありったけの衣類を着こんで、小走りで道を急いだ。大学一年のときにユーコン川のほとりではじめて見たオーロラが、目の前にちらつく。あの光景は今も記憶の片隅に根を張っている。

道路の終点からヘッドランプを装着し、車の入れない小さなトレイルを歩いていく。まわりには背の高いスプルースの森が広がり、そこを抜ければ、凍った川のそばに出る。はやる気持ちを抑え、雪をしっかりと踏みしめながら歩き、視界が広がったところで、我慢できずにヘッドランプの明かりを消した。

頭上の空を見ると、淡い光の筋が微妙な曲線を描いている。雲、ではない。オーロラだ。しかし、カーテンのようにくっきりと見えているわけではなく、淡い粉のようであり、まわりの闇に呑み込まれそうでもあった。微かに動き、そして揺れる。眼が闇に慣れてくると、ほんのりうっすらとデナリのシルエットが見えてきた。ほぼ新月に近いその日、本来なら見えないデナリが、オーロラと星たちの淡い光によって浮かび上がったのだ。あたりを包む静寂と、か弱い光を前にして、ぼくの身体は静かに充足していった。

地球で一番明るいオーロラが見られる場所は、北半球ではアラスカのフェアバンクス近郊か、南半球では南極の昭和基地あたりだといわれている。フェアバンクス近郊は、北極を取り巻く磁気層の真下に位置しているため、特にこの輪が大きくなり、南のアンカレジ付近にいたるまで広く観測できるという。タルキートナもその磁気層の真下にあるのだ。

過去、オーロラは不気味な存在として畏怖の念とともに人々に迎えられてきたが、今では人の心を魅了してやまない光の帯となった。オーロラを見ていると、アラスカを巡るさまざまな人々の顔が思い浮かぶ。厳しい自然とは裏腹の柔らかな光、そこに人を惹きつける力があるのだと思う。

やがて、弱光は空全体に広がりはじめ、レモンジュースのような淡い光を滲み出しながら夜空を覆った。まさに光に満たされた夜空がそこにあった。

翌朝、ようやく天候が回復して青空が見えていた。ぼくは村のレストランで植村さんと同じようにハンバーガーを食べ、シーズンオフで閑散としたタルキートナの空港へ向かった。とうとうセスナに乗って、デナリに抱かれたルース氷河を目指すことができる。

六人乗りの小さなセスナは飛び立つというよりは浮かび上がるように離陸した。やがて窓外には、果てしない荒野が見えてくる。曲がりくねった細い川、背の高いスプルースの森や春になったら顔を出すであろうベリーの草原を覆うのは、なめらかな雪の絨毯《じゅうたん》である。遠くを見れば、燃え立つような陽光に照らされた真っ白い山塊が見える。デナリの隣にはフォーレイカーやハンターといった難峰が連なり、威圧感をもって大地からそそりたっていた。

目の前には窮屈そうに座席に腰掛けているブッシュパイロットの肩が見える。彼は左右に首を振りながら、雪や山の状態をつぶさに観察しているようだった。両耳に装着したイヤーパッドからは彼のつぶやきにも似た解説が時折聞こえてくる。試みに、イヤーパッドを外すと自分の話し声すらも聞こえないほどだ。

一九九八年の晩春、はじめて小型飛行機に乗り、デナリ登山へと向かったときは、気持ちが昂揚して何も考えられないうちに、氷河に降り立ってしまった。でも、今は違う。この風景を忘れないようにゆっくり体に取り入れたい。数千年という時の流れを軽々と飛び越える悠久の大地の頭上にぼくはいる。このような貴重な時間を大切に思わずして、何を記憶に刻めというのだろう。

セスナはやがてデナリの懐深くへと飛び込んでいった。目を凝らしてシルクのように滑らかな雪面を見つめると、まるでクジラの口かと思わせる大きなクレバスがあちこちに存在していることに気づく。付近の雪は、クレバスの裂け目に向けて吸い込まれるようにして窪んでおり、自分がそれを間近で見たときの恐怖感を想像した。

名もない小さな山の山腹ぎりぎりを飛行機は行く。そのとき、突然機内にいた人間すべての身体が一瞬浮いた。山のあいだをうねるように通り過ぎる一陣の風によって、飛行機が急降下したのだった。

その直後、パイロットが、半分顔をこちらに向けながら、小さく首を横に振った。それは「ルース氷河には降り立てない」という合図だった。天候は悪くないように思われたが、機外では想像以上の風が吹き荒れているようだ。費用がかかるセスナに何度も乗り直すわけにはいかない。ルース氷河への旅はまた次へと持ち越されることになった。残念ではあったが仕方ない。これでもう一度タルキートナへ向かう口実ができたということで、あきらめよう。

後ろ髪を引かれる思いで、ぼくはタルキートナを後にし、北のフェアバンクスへ向かった。デナリを迂回するように延びるジョージ・パークスハイウェイは、唯一の幹線道路としてアンカレジからタルキートナを経由してフェアバンクスを繋いでいる。

空から眺めていたあのデナリが今は目の前に立ちはだかっている。頂上が雲に隠れたデナリの勇姿を車窓から見上げていると、考えることは湯水のように溢れ、何でもないある一つの記憶から、さまざまな記憶が引き出されていく。アメリカがイラクに侵攻しはじめた時期にあって、アラスカはその不穏な空気とは無縁だった。アラスカにいると、人は寡黙になり、冷静になる。自分がたった一人の人間であるということを多かれ少なかれ意識するからだと思う。

フェアバンクスに着くと、ぼくはアラスカ大学へと向かった。先住民によるフェスティバルが開催されていて、今日はアラスカ各地から人々が一堂に会し、ダンスを披露するというのだ。彼らは二万五千年前から六千年ほど前にシベリアから氷結したベーリング海を渡ってきた人々の子孫であり、その起源をたどれば、日本に住むぼくたちと多くの関係があることがわかる。

ベーリング海を渡った人類の中には、そのまま南米大陸へと南下していった人々もいたが、アラスカ内陸部に留まって暮らしを営む者もいた。また、カムチャツカ近辺から船によってアラスカ沿岸部にたどり着き、そのまま住み着いた者もいる。

それぞれの共同体がもつ神話によって、アラスカ先住民の社会はすみ分けがなされており、そこには二十種以上の民族が混在している。また、現在ではアラスカ在住の日本人が約五百人、韓国人が約一万五千人いるといわれているので、いわゆるモンゴロイド系の人々が占める人口の割合は、他の地域に比べると圧倒的に多い。

今回アラスカ大学で開催されたフェスティバルには、ハイダ、アリュート、ユピック、イヌピアック、クリンギットなど多くの部族が集まった。会場では、彼らの手作りの小物が売られ、壇上ではすでに踊りがはじまっている。

伝統的な衣装を身につけて二十人弱の人々が壇上に座っている。お年寄り、体格のいい女性、勇壮な面構えの若者、双子の女の子、やっと歩けるようになったばかりの子どもまでいる。そのなごやかな雰囲気は、親族や家族が集まった小さな共同体らしい温かなものだった。

まだ中学生くらいの姉妹が太鼓を叩いて、歌をうたい、それにあわせて後ろに座った人々があいのてをいれる。貫禄のある夫婦が登場し、奥さんと思われる女性の合図で、男が熊のような動きをして、ゆったりとしたステップを踏んでいく。これらの一連の動きが見る者の心を打つのは、それが単なるパフォーマンスではなく、一つ一つの身ぶりに意味があり、そこに見えないものへの「祈り」が含まれているからだ。

最後のほうになって、椅子に座った全員が、太鼓を叩きながら引き絞るような声で歌をうたいはじめた。中心に座ったおじいさんが歌を間違えて、一拍おくべきところで素っ頓狂な声をあげた。それを聞いて、まわりの仲間から笑いが起こった。観客席に微笑みが広がる。おじいさんは照れくさそうにしながら、再び歌の輪に入っていった。いつしか壇上の人々と客席に座った人々とのあいだにコミュニケーションが生まれ、緩やかな連帯感を感じている自分がいた。

深夜、ぼくはある種の幸福感を胸に会場をあとにした。外には湿った雪がとめどなく降り続いている。

南極で使っていたソレル社製の黒いスノーブーツを履き、ヘッドランプの明かりを頼りに、雪道を歩いてフェアバンクス郊外の森の中へと入った。突き刺すような寒さを頬に感じながら、焚き火ができる場所を探した。雪に埋もれたドラム缶の中に小枝を敷いて薪を組み、持参した新聞紙を棒状に丸めて火をつける。燃え上がる新聞紙に照らされて、自分の手が橙色に染まった。

組んだ薪の中にゆっくりと新聞紙を差し込み、ふっと息を吹きかける。しばらくすると、小枝に火が移り、やがて太い薪を燃やした。火は自らの勢いによって炎を高みへと上げ、あたりを照らす。はじけるような音と共に、火の粉が舞いはじめ、それを眺めながらぼくは拾ってきた丸太の上に腰掛けた。木の棒で焚き火をいじりながら、飽きることなく炎を見つめる。たとえ、そばに人の温もりがなくとも、燃えさかる焚き火を見ているだけで、孤独は孤独でなくなる。焚き火を囲みながら、降り注ぐ極北の光を見上げていると、いつしか寒さを忘れ、そして、時が経つことさえも忘れた。

フェアバンクスにあるアラスカ大学の近辺で数日過ごした後、南東アラスカのシトカへ向かった。シトカに来るのは七年ぶりだった。大学一年のとき、ぼくはこの小さな町にしばらく滞在していたことがある。町には怪しげな中華料理店が一つオープンしていたが、それ以外はあの頃と何一つ変わっていない。数ヶ月で街の風景が一変する東京が人工的な光に溢れ生活臭のない都市だとすれば、シトカは自然の闇が無限に広がる人間と動物の大地である。

シトカには星野道夫さんが定宿にしていたB＆Bがあり、クリンギットインディアンでキラーホエール（シャチ）のクランに属しているある夫婦が細々と宿を営んでいる。B＆Bはネイティブの居住地の只中にあり、大きな窓からは海を見ることができた。視界の中におさまるあちこちの電柱にワタリガラスがとまっている。裏にあるスプルースの森のてっぺんには、勇ましい顔をしたハクトウワシが宙を一心に見つめながら休んでいた。

ぼくがあてがわれたのは、三階の眺めのいい部屋で客は他に誰もいなかった。夜遅くに着いたぼくを気遣って、宿をきりもりする女将さんがインディアンビスケットと鮭トバを持ってきてくれた。港に浮かぶ点々とした光を眺めながら、無骨で大きなビスケットをかじった。外から来た人間にこんなにも居心地の良さを感じさせてくれる町をぼくは他に知らない。

毎日、シトカの町を歩きまわった。小さな町なので、半日もあれば、ほとんどの場所を見てまわることができる。一軒しかない本屋には、カフェが併設されていて、一日一冊新しい本や写真集をじっくりと読み、その後、必ず大きなマグカップで一杯のコーヒーを飲んだ。土産物屋にはロシア製の人形が並び、ロシア統治時代の名残がうかがえる。シトカは一七九九年から六十八年ものあいだ、ロシア領アメリカの首都だったのだ。

港の近くには、一〇メートルほどもある木彫りのカヌーが置かれていて、船体にはトーテムポールでおなじみの動物たちが見事な彫刻によって描かれていた。今ではこのような船を作れる大きな丸太も少なくなっているという。果たして、この巨大カヌーで、北海道からカムチャツカを経て、南東アラスカにたどり着いた人類は存在したのだろうか。

港を過ぎて、国立公園になっている森を目指した。ぼくのいつもの散歩コースである。道路から海岸にそれると、フジツボで覆われた岩の岸辺に着く。海沿いにさらに進むと、やがて丸太が見えてきた。その先が、国立公園となっている。

前にシトカにやってきたとき、この森に毎日のように通っていた。屋久島の森に通じる鬱蒼とした樹木、小さな隙間からこぼれる木漏れ日、時には寒さを感じるほどの涼風、姿の見えない鳥の鳴き声、そして年月を重ねたトーテムポール。木々の間を縫うようにできた轍をゆっくりと歩きながら、動物の糞や、倒木から芽が生えているのを見た。切り株から生まれる若芽をひこばえという。循環する森の生態系が一つの大きな命を感じさせてくれる。小さな芽から溢れる生命力は、森に強い力を与えていた。

森を探索して宿に戻る途中、星野さんの友人であるボブ・サムと偶然出会った。後でわかったのだが、ボブはこのB&Bのすぐ隣に居を構えていた。ボブ・サムについては星野さんの『森と氷河と鯨』という本に詳しく出ているので多くは語らないが、彼はワタリガラスのクランに属するクリンギットインディアンの語り部である。

以前もこの町で彼と偶然出会った。星野さんが亡くなった後のことだ。自転車に乗ってゆっくりとしたスピードで坂を上がろうとしていたボブを、ぼくが呼び止めたのだ。彼の顔は星野さんの著作で覚えていた。

「失礼ですけど、あなたはボブ・サムさんでしょうか？」

彼は無表情な顔で「そうだが」と答えた。その時期は、星野さんの遺作となった『ノーザンライツ』が発売された直後で、ぼくはその本を肌身離さず持ち歩いていた。発売日から数日しか経っていなかったので、咄嗟にザックから本をとり出すと、「星野道夫さんが書いたこの本を知ってますか？」とボブに問うた。すると彼は本を手にとって表紙をまじまじと眺めながら、ゆっくりと表情を崩したのだった。

「この本は、知らないな……」

「ここにあなたが出ていますよ」と言って、ぼくがページをひらくと、彼は微笑みを浮かべた。

「差し上げます。もらっていただけますか」

ぼくがそう言うと彼は、「ありがとう」と言い、手を差し出した。ぼくが握手に応じると、彼は再びゆっくりとした動作で自転車にまたがり、坂道を登っていった。

今回あらためて出会った際に、「以前、シトカでお会いしたことがあるんですが、覚えていますか?」と尋ねると彼は七年前と変わらない口調で「ああ、覚えているよ」と言って、微笑んだ。本当に覚えてくれていたのだろうか。彼と別れてからしばらく歩いていると、なんだか気になってくる。あのロシア人墓地の存在が。

ボブが十年という歳月をかけて荒れたロシア人墓地の手入れをした話は星野さんの著作の中に出てくる印象的な逸話である。そこがロシア人墓地になる数百年前は、クリンギットインディアンの神聖な墓地で、その地に魂の繋がりを感じたボブが毎日のように墓の手入れをしたのだ。

夜が押し迫った夕刻、そのロシア人墓地を訪ねることにした。墓地は町のはずれの小高い丘の上にある。前回来た際も手入れが行き届いていたが、今回はさらに多くの墓に花が添えられていた。荒涼とした墓地が、原色の美しい花々によって、浮き上がるような彩りをもちはじめていた。

枯れた枝木の上には薔薇が、墓には首飾りがかけられていた。ボブ・サムが一人で手入れをした墓にいつしか人々が足を運ぶようになり、墓は墓として甦った。無視されていた死者の住処にいつからか花が盛られるようになったのだ。

千年の昔、ここはクリンギットインディアンの墓地だった。この場所の土となった人々はもしかしたら遠い昔、日本から海を渡ってきた人々かもしれないし、ユーラシア大陸からベーリンジアを渡ってきた人々かもしれない。そんなことを考えながら、ボブ・サムが以前日本に来た際のエピソードを思い返していた。北海道の小樽郊外を訪ねた彼は、そこで昔の人々が祭祀に使っていたといわれるフゴッペ洞窟へと向かった。洞窟の前で彼は、案内人を含めすべての人をシャットアウトして一人で洞窟に入り、数時間出てこなかったという。中からは祈りとも叫びともいえない声が聞こえてくる。彼は祖先との繋がりをその洞窟で感じたらしい。それはもしかしたら、シトカの墓地で彼が感じた繋がりと同じ類のものかもしれない。

今度ボブと会うことがあったらそのことを訊いてみようと思う。彼岸の死者は過去に閉じこめられるのではなく、時間を超えて旅に出る。そして、此岸のぼくたちは墓に花を盛りながら、過去と未来の一端に触れる。一陣の風が吹いて、頭上に揺れる木々の葉がざわめいた。揺れる木々に、ぼくは遠い時間を感じる。シトカのロシア人墓地は、悠久の時間を旅するためのタイムカプセルのような存在なのかもしれない。

NOME
&
SHISHMAREF
&
KOTZEBUE

ノーム／シシュマレフ／コッツビュー

もう何度目の上陸になるだろう。二〇〇六年六月七日、ぼくはアンカレジの街へ降り立った。品揃えが豊富なアウトドアショップ「ＲＥＩ」に立ち寄り、極北の小さな村へ向かうための装備を調えた。

三脚や大量のフィルムや数台のカメラを持っているために、アンカレジの空港ではうんざりするほど厳しいチェックを受けた。アラスカ航空の飛行機に乗って最初に訪れるのはノームである。ノームはアンカレジから空路を乗り継いで三時間ほどのところにあり、周辺の村々を繋ぐ交通の中心地となる町だ。定期ジェット便が離発着する起点となり、旅人ばかりでなく、地元の人々も必ずここに立ち寄ることになる。他の都市から陸路でのアクセス方法がないために、飛行機が飛ぶ前後の時間は、小さな空港が人で溢れかえる。

ノームの町並みは思った以上に整然としていた。人口は三千五百人ほどで、北極圏の他の村の規模に比べたら多少は大きいほうだろう。かつては「金鉱の町」として栄えたのだが、金は取り尽くされ、ゴールドラッシュが去った現在では「アイディタロッド国際犬ゾリレース」のゴールとして人々に認知されるくらいの寂しい町である。

海沿いの道路の幅は不必要なほど広く、砂利舗装の凸凹した道でスケートボードに乗る若者がいた。気温は一〇度ほどだろうか。冬はマイナス二〇度にもなるらしいが、今は初夏である。肌寒さは感じるが、寒くて仕方ないというほどではない。

メキシコ料理屋に入って夕食を食べた後、町のはずれまでひたすら歩いて、写真を撮った。夏の北極圏は日が長くていい。波が打ち寄せる海岸沿いの寂しい道は人影も少なく、地の果ての様相を呈していた。安っぽい西部劇に出てくるような、古びた宿のベッドに横たわったのは、深夜一時を過ぎた頃だった。

翌朝八時、流氷が流れ着くベーリング海を望みながら、朝食をとった。三十分後には出発しなければ飛行機に間に合わない。パンケーキとワッフルに、バタークリームとシロップを文字通りぶっかけてノドの奥に押し込んだ。ノームから今度はアラスカ航空ではなく、ベーリング・エアの小さなセスナ機を使って、シシュマレフ村へと向かう。客は数人だけだった。

シシュマレフは、今でも狩猟が人々の生活の最も重要な部分を支えている。ベーリング海峡に面した砂州の上にあり、アラスカ本土と陸続きではない。住民の多くがアザラシやトナカイ猟などによって暮らす、人口五百人ほどのイヌピアック・エスキモーが暮らす小さな村である。観光地ではないため、ホテルなどの施設はない。

セスナの窓からチュコト海が見えはじめた。ようやくシシュマレフの全景が見えたとき、この村が置かれている状況の一端を理解した。村はもともと沿岸にあったわけだが、高波によって毎年一五メートルずつ海岸が削られ、民家が点在する砂州は今にも消え入りそうだ。アラスカの温暖化の速度は世界の他地域の十倍といわれるが、その煽《あお》りをまともに受けているのは、シシュマレフのような小さな村ばかりだった。

住民投票により五百人余りの村民全員が対岸のアラスカ本土に移住することが決まったというニュースは日本でも大きな新聞記事となり、記憶に新しい。ただ、移住費用は数十億円と見積もられ、予算の目処も立たず、移住がいつ終えられるかは誰にもわからない。アメリカ政府も州政府も予算削減案を出すばかりで、計画は遅々として進んでいないということだ。

ノームからわずか一時間弱のフライトで、シシュマレフの空港に到着した。空港とは名ばかりで、滑走路とガレージがあるだけの簡素なものだった。村は歩いて十分にまわれる広さしかなく、未舗装路を行く四輪バギーが村民の唯一の足である。

あちこちで話を聞きながら村中を歩きまわったが、その様子は無惨だった。少なくともぼくの目にはそう映った。というのも、冬場は雪と氷がすべてを覆ってくれるのかもしれないが、地面が顔を出す夏場は、村のいたるところに山積するゴミが目に付き、臭いもきつい。あとで何かに使えるかもしれないという思いからモノを捨てずにとっておく、とある村人が話してくれたが、「それにしても」と思う。

飛行機はノームからの定期便が一日に数本往復しており、食料品や日用品を運んでくる。町に二軒ある食料品店に行けば、エスキモー特有のアノラックパーカから弾薬、工芸品にいたるまで、割高ではあるが大抵のものはそろうだろう。

町を歩いていると、「これ、買わないか?」と若者に声をかけられた。日本人が村にやってきたことは瞬時に村中に伝わっていた。彼がおずおずと見せてくれたのは、セイウチの骨で作られた仮面だった。ぼくはなんとなくその無表情の仮面が気に入り、その場で購入することにした。それを売りにきた若者が名の知られたアーティストであることを知ったのは、後のこと。ノームの土産物屋で、彼が作った仮面が高く売られているのを発見し、店の人に教えてもらったのだ。シシュマレフには彼のようなアーティストが何人もおり、作品を売って生計の足しにしている。なかには小学生くらいの子どもまで、手の込んだ作品を作り、見せにきてくれた。仕事といっても、猟をする以外にはほとんどなく、政府からの補助金で暮らす人々が多いのは北極圏の他の村と同じである。

ぼくが日本人だとわかると、親切な人が元村長のクリフォードさんのところへ案内してくれた。クリフォードさんは星野道夫さんを居候として自分の家に住まわせた人物である。

星野さんとシシュマレフは切っても切れない関係にある。もともと北方の自然への漠然とした憧れを抱いていた星野さんは、大学に入学してまもなく、神田の古本屋街の洋書専門店で一冊の本と運命的な出会いを果たした。ナショナル・ジオグラフィック・ソサエティから出版された『アラスカ』という名の写真集で、次のページの写真がめくる前にわかってしまうほどこの本を何度も何度も読み込んでいたという。その中に必ず目を奪われる一枚の写真があった。海に沈む夕陽のなかに、小さなエスキモーの村のシルエットが浮かび上がる美しい写真で、それがシシュマレフだったのだ。

シシュマレフは普通の地図には載っていないほどの小さな村だった。しかし、若き日の星野さんはこの村をどうしても訪ねてみたいと思う。ただ、どのように行けばいいのか、また誰に手紙を出すべきかもわからなかった。そこで彼は、英語で手紙をしたため、Mayor（村長）、Shishmaref（シシュマレフ村）、Alaska（アラスカ）とだけ書いてポストに投函したのだった。一九七二年のことである。

内容はおおむねこのようなものだった。

「ぼくは日本の学生で、ホシノ・ミチオといいます。本の中であなたの村の写真を見ました。村の生活にとても興味があります。とても訪ねたいと思っているのですが、だれも知りません。仕事はなんでもしますので、どこかの家においてもらえないでしょうか。返事を待っています」

とても返事が来るとは思えない、アバウトといえばアバウトすぎる手紙だが、とにかくアラスカ北極圏の人々とその暮らしぶりを自分の目で、耳で、身体で確かめてみたいという気持ちだけは伝わってくる。シシュマレフ以外にもなるべく小さなエスキモーの村を六つほど選び、同じ内容の手紙を送ったものの、当然半分以上の手紙は宛先不明のまま送り返されてしまった。それから半年が過ぎ、手紙を出したことさえ忘れかけたある日、一通の外国郵便が彼のもとに届いた。手紙にはこう書かれていた。

「返事が遅れてしまいごめんなさい。夏に来るとよいでしょう。……来られる日がわかったら知らせてください。あなた、私の家に一緒に住むことができます」

たった一通の手紙によって恋こがれた遠いアラスカと星野さんがはじめて結ばれた瞬間だった。この返信を送ったのが当時の村長であるクリフォードさんだったのだ。

シシュマレフで星野さんはエスキモーの家族と三ヶ月間生活をともにし、アザラシやトナカイ猟とその解体などを体験した。英語もロクにしゃべれなかったが、持ち前の謙虚な性格と人なつっこい人柄で村人とはすぐに仲良くなり、その後の人生の原点となる忘れがたい時間を過ごすことになる。

そのときの経験が、後の彼に大きな影響を与えることになったのは言うまでもない。当時と変わらないクリフォードさんの家をぼくは訪ねた。奥さんのシュアリィさんは病気のためにアンカレジのネイティブ病院（先住民なら誰でも無料で診療を受けられる）に行っており、家にはクリフォードさんと、居候の若者しかいなかった。

クリフォード宅には日本の若者やメディアが頻繁に来ているようだった。ぼくが訪ねたときも日本の青年が皿洗いをしていた。クリフォードさんは今でもアザラシ猟やトナカイ猟で生計を立てる生粋の狩人で、この日も海に出る直前だった。移住について聞くと「なるようになるさ」と言う。クリフォードさんだけでなく、村人のほとんどの反応はそのようなものだった。至極当然の反応だと思う。

ある年老いた村の女性に、周辺の古い歴史について尋ねた。岩に刻まれた太古のペトログリフもいくつかあったというが、今は草が生い茂り、誰もその場所を明確に覚えていないという。村の真ん中に墓地があり、その隣の丘には子どもの背丈ほどの鯨の骨が一本だけすっくと立っている。これは西洋式の墓地ができる以前の古い墓の跡で、村にただ一つ残るホエール・ボーン・アーチの残骸だった。本来のアーチは二本の骨を立てて作られるのだが、今では一本しかない。「アーチの中を通り抜けると悪夢を見る」という言い伝えがあったが、伝説などを信じない子どもたちが壊してしまったという。その先には、数々の十字架が立てられた近代的なお墓があり、墓はすべてあちらへ移されたのだろう。

空港を境にして村とは反対側の海岸沿いにフィッシュキャンプがあった。そこではちょうど今朝捕れたばかりのアザラシの解体作業が行われていた。燦々《さんさん》と輝く太陽の下で、おばあさんとお母さん、そして子どもたちが総出で、海岸に集まっていた。皮をはぎ、肉を解体し、シールオイルをとる作業は女たちの仕事だ。北海道以北、太平洋を取り巻くベーリング海の周辺では、狩猟と漁労の形態、動物を解体するときの作法、肉の保存方法、儀礼の形、受け継がれる神話など多くの類似性がある。それぞれの民族は、コミュニティとして自分の内部から国家を作り出せる条件を備えていたにもかかわらず、自らその境界的な部分にとどまり、独自の文化を保っていた。ぼくは彼らの生き方に学ぶべき野性の思考の断片を見る。

海沿いには温暖化による海岸浸食の爪痕が点在していた。傾いた家はその象徴で、中をのぞき込むと生活の道具がほとんどそのまま残されていた。村人は浸食の激しい北側から南側へ少しずつ移動しているというが、それも急場しのぎの策に過ぎない。三十年後には島全体が海に呑み込まれ、影も形もなくなってしまうはずだ。

もう少し早くこの村に来ていれば、という思いがなかったといったら嘘になる。しかし、昔の暮らしを懐かしむのは、ここに暮らしたことがない人間の勝手な思い込みだ。部外者のノスタルジーに、移り変わっていく人々の生活を閉じ込めてはいけない。世界はその成り立ちから変化を続け、破壊と再生を繰り返している。

たとえシシュマレフがなくなってしまったとしても、そこにいた村人たちは新しい場所で生き続け、再び歴史を刻んでいくだろう。たとえ移住によってある文化が失われてしまったとしても、人々の記憶の中で受け継がれる知恵が新たな形で生まれ変わる。極北に伝わるワタリガラスの創世神話のように、誰かが再びこの世界をつくりかえる日がやって来るまで、ぼくたちはその世界と真っ向から向き合っていく必要がある。

シシュマレフを後にして、さらに北のコッツビューへ向かった。ここは植村直己さんがおよそ三十年前に犬ゾリによる北極圏一万二〇〇〇キロの旅を成し遂げた際のゴールとなった場所だ。ノームが整然とした町らしい町、シシュマレフが隔絶された先住民の村だとすると、コッツビューはその中間くらいにあたる小規模な町である。人口三千人のうちおよそ八〇パーセントをイヌピアック・エスキモーが占めている。六百年以上前からエスキモーが先住するネイティブの町で、現在も狩猟や釣りが生活の中心だ。ここも陸路でのアクセスは不可能で飛行機のみが移動の手段である。

コッツビュー空港からタクシーで町を一周する。海岸沿いにファーストアベニューがあり、店が点々とある。町には食料品店が二つだけあって、一つはアメリカ各地にあるような近代的なスーパーマーケット、もう一つは町の雑貨屋みたいな何でも屋である。何でも屋には小さな釘からエスキモー服まで売っていて、値段もスーパーマーケットより安い。スーパーマーケットには六千ドルで、あの便利な四駆バギーが売られていた。

流氷が流れ着く海岸ではスメルトというワカサギのような小魚がルアーで釣れるらしく、竿をたらす人の姿をちらほら見かけた。昼食を食べた新しいレストランは海岸沿いのビューポイントの前にあり、窓からチュコト海の岸辺を見ていると、時折アザラシがひょっこり顔を出すことがあるという。白イルカのベルーガまでも沿岸近くまで寄ってくるというので、水面を凝視しながら食事をしたが、慣れない目で生き物たちを探し当てることは難しかった。

コッツビューの観光案内所を訪ねると、きれいな長い髪をした若い女性が笑顔で迎えてくれた。彼女はニューヨークの大学で学んだ後に帰郷し、今は案内所に勤務している。三年間、鎌倉に住んでいたこともあるそうで日本語が多少できるのに驚いた。

彼女の出自は北欧にあった。十九世紀末、北欧のサーメの人々がトナカイの養殖方法を教えるために、スカンジナビア半島からはるばる北米大陸へやってきた。それはアラスカ政府の要請だったのだが、彼らはそのままアラスカに住み着き、現地の先住民と交流を結んで今にいたっている。

観光案内所に勤めるこの小柄な女性は、そのときに住み着いたサーメの子孫だったのだ。カラフルな衣装に身を包んだサーメのことは話に聞いてはいたが、この女性と出会ってにわかに親近感をもった。彼女の少しはにかんだ仕草や優しい物腰が忘れられず、ぼくは後にサーメの人々を訪ねて北欧へと向かうのだが、その話はまた別の機会に譲ろう。

彼女からコッツビューの町に住んでいる考古学者のことを教えてもらい、彼のもとを訪ねて、周辺の古い歴史について話を聞いた。

コッツビューから海を隔てた対岸、クルセンスタン岬には六千年前に遡る北米最古の住居跡が残されており、昔はシシュマレフのような小さな村がいくつかあったという。しかし、海面上昇による土地消失のために、今ではいくつかのフィッシュキャンプが点在するのみになっている。この話を聞いて、シシュマレフを思い出さずにはいられなかった。かつてクルセンスタンにあった集落は、海岸の浸食によってなくなってしまったのだ。

現在は国立公園に指定されているクルセンスタン岬へ実際に向かうことにした。コッツビュー周辺にはいくつかの国立公園が存在するが、クルセンスタンもその一つである。数千年の風や波によってできた浜辺の隆起や古代先住民の住居跡のほか、現在もフィッシュキャンプを行う人の姿もわずかながら見ることができる。人間がほとんどいなくなってしまったため、カリブーやムース、ジャコウウシたちの楽園になっているようだ。

コッツビュー周辺のそうした国立公園へは、チャーターフライトでしか行くことができない。いろいろ訪ねた末に、格安の往復二百ドルという値段でクルセンスタン半島まで行ってくれるパイロットと出会った。パイロットの名はバックさんといい、話すスピードもゆっくりで、かなりの高齢に見える。こんなことを言っては失礼だが一抹の不安を覚えた。しかし、とにかくあの岬に降り立ってみたいという気持ちが勝り、ぼくはセスナに乗り込んだ。

流氷の海を渡って半島の上空に近づくと、等間隔に並ぶ小屋が見えはじめた。フィッシュキャンプだ。六千年前の家の跡だという丸い窪みの上を通り、流氷の海を越えて半島に近づくと、小屋の軒先には吊されたアザラシの肉があるのを確認した。その後ろの荒野には、ジャコウウシの群れもいる。ベーリング海をはさんだ向こう側にはユーラシア大陸があり、シベリアやカムチャツカ、そして北海道へと人類の旅路が続いていく。ぼくは今、太古と同じ風景を眺めているのかもしれない。

あるフィッシュキャンプの近く、セスナが着陸できそうな草原に降りてもらうことにした。小屋の近くまで行くと、窓から双眼鏡でこちらをのぞいている人の姿が見える。突然の来訪者にさぞかし驚いているに違いない。

丁寧に挨拶をして家に入れてもらった。お父さんの名前はウィリアム・イーライさん、息子のトニーは八歳、娘のリディアは十二歳くらい、それに犬のチプシーもいる。ぼくが家の中に入ると、シャイな子どもたちは毛布をかぶって隠れてしまった。隙間から目だけ出してこちらを見ているのが可愛らしい。

家の中は雑然としていながら必要最低限のものが手の届く範囲に並べられていた。部屋の真ん中にある暖炉で温めたコーヒーをいれてくれて、お父さんとしばらく話をした。季節的なフィッシュキャンプかと思ったら、ウィリアムさんは通年この家に暮らしているという。かつてはこの周辺に五十ほどの小屋があったそうだが、今では彼の家だけが残っている。子どもたちはコッツビューの小学校に通っているけれど、夏休みになったので、お父さんのもとに遊びにきていたのだ。

家の前には巨大なクジラの顎骨とぼろぼろになったカヤックが置かれていた。カヤックは彼のお父さんが作り、昔はこのカヤックに乗って周辺を自在に行き来していたようだが、今ではほとんど使われていない。それでも美しい船体をぼくがなでていると、「カヤックは修理してまた使う予定なんだ」と少し誇らしげに彼が言った。このような骨組みを作れるカヤックビルダーは現在のアラスカにはほぼ残っていない。グリーンランドに多少その知恵が残されているのみなので、アラスカで実用的な手作りカヤックを見られるとは思っていなかった。ウィリアムさんの父親はきっと腕利きのハンターだったに違いない。

クルセンスタンとシシュマレフ、なくなった集落と消えゆく村の存在は、北極圏の未来を暗示しているようにも思えてくる。ワタリガラスの航跡が消えることなく続いていくとしたら、その先には何が待ち受けているのだろう。

NUUK

ヌーク

二〇〇四年夏、グリーンランド航空の無粋な機体は、世界最大の島の上空を飛んでいた。眼下にはグリーンランドの広大な白い大地が広がり、そこには黒褐色の山が突き出ている。白い氷と黒い山のコントラストが鮮やかで、全体が輝いているように見えた。

グリーンランドは現在デンマーク領に属しているものの、十世紀になってノルマンが入植してくるまで、いわゆるイヌイットと呼ばれる先住民のみが暮らす土地だった。世界一大きな島で、人口は五万六千人、首都であるヌークにはそのうち一万三千人の人々が暮らしている。地図で見れば一目瞭然だが、グリーンランドはデンマークよりもカナダに近い。文化や言語の観点からみてもカナダ北極圏の文化の延長線上にあるのだ。

アジアからベーリング海を越えてアラスカに入った人類は、結氷した海上をさらに東進し、カナダのバフィン島からグリーンランドへと渡った。この白き大地には私たちと繋がりの深い人類の末裔たちが、今も自然と共に暮らしている。

デンマークの首都、コペンハーゲンからグリーンランド西海岸のカンゲルルススアークまで約四時間三十分のフライト。さらに、カンゲルルススアークから首都ヌークまでは南に一時間ほどのフライトである。夏はブッシュと泥炭に覆われ、冬は氷に閉ざされるグリーンランドの交通手段は、飛行機に頼るしかない。

ヌークでは会ってみたい女性がいた。グリーンランドのイヌイットに嫁いだ日本人女性、高田佐紀子さんに会いたかったのだ。何年か前に知り合いから高田さんの話を聞き、いつかお会いできないだろうかとずっと考えていた。

海に面したヌーク空港は、僻地の空港がどこもそうであるように風に晒された長方形のビルがぽつりと建っているだけだった。タラップを降りると、北極圏の透明な風が身体を突き抜けていく。タラップを降りてしばらくしてからもTシャツでがんばっていたのだが、さすがにフリースを羽織らないと寒い。冷たい大気に包まれながら、頭を北極圏仕様に切り替えていく。

空港からタクシーで市街へと向かった。郊外にぽつりぽつりと建っている北欧風の家々は三角屋根の小洒落たもので、景観と調和している。ヌークの郊外には集合住宅が数多く建てられており、このような住宅街ができるのは人口が増え続けているヌークだけの特徴とのことだった。日本と同じように都市の郊外にベッドタウンができつつあるのだ。

観光局で安宿を探してもらい、市の中心近くにあるB＆B、すなわち民宿に泊まることにした。しかし、ここでいうB＆Bは宿というより、ホームステイに近かった。観光局の女性から鍵を渡され、団地になっている住宅の三階に行き、案内された一室のドアをあけると、ごく普通の3ＬＤＫの部屋があった。まもなくその家の主であるサラという女性がやってきて、挨拶を交わした。

サラの子どもたちはすでに結婚して、アイスランドやデンマークへと移り、サラは現在は一人でヌークに暮らしている。顔立ちは白人系だが、グリーンランドではイヌイットと混血がすすんでいるため、恐らく純粋な白人ではないだろう。職業は看護師さんだった。息子が使っていたという部屋を使わせてもらえることになった。

ヌークはタンポポの町だった。ヌークの街並みは南米のパタゴニアによく似ている。濃い藍色の海と海から吹きつける冷たい風、そして大きなタンポポを町のあちこちに見ることができる。一日中太陽が沈まない白夜のために美しい夕焼けは見られないが、青や黄色の一軒家と荒涼とした大地のコントラストがパタゴニアを彷彿させた。

街の人々は白人系とイヌイット系の顔立ちが約半々といったところだろうか。イヌイットの男性は彫りの深い男前で、腕の節が特に太く、厳しい自然の中で身体を使って生きてきたことをうかがわせる。

グリーンランドといえば、植村直己さんの本で読んだ孤高の白い大地しか頭に浮かばないので、ある意味東京と同じようなこのヌークの街並みには驚かされた。スーパーにはあらゆる品物が並び、本屋、旅行会社、スポーツ用品店などもあって街で手に入らないものはない。中心部にある電化製品の店では、日本顔負けの新製品が勢揃いし、中に入るとワイシャツにネクタイをした恰幅のいい白人店員が柔和な笑みを浮かべて近寄ってきた。値段はどれも一様に高い。完全にデンマークの物価である。ぼくはそそくさと店をあとにした。

どの店に入ってもほぼ一〇〇パーセントグリーンランド語で話しかけられる。ぼくを外国人と認識せずイヌイットだと思っているのだ。おそらく反対にグリーンランドのイヌイットが日本にやってきても、間違いなく日本語で話しかけられるだろう。そのくらい、両者とも外見の親和性は高い。

ふらふらと散歩をしていると墓地を見つけた。白い十字架が思い思いに立ち並んでいる。白人宣教師が入ってきて以来、グリーンランド全土にキリスト教が浸透している。町のあちこちに建つ碑も、この地にやってきた宣教師や神父に関するものが多く、古来のシャーマニズムの影はみられない。博物館にはかろうじて動物に憑依した人間の人形などが見られるばかりで、アニミズム的な考え方は親が子どもを叱ったりする際に使う寓話の中にのみ残されていた。

北欧風の建築も新しいものとばかり思っていたが一八〇〇年代からこのような家が築かれており、北部や東部の小村にも同じ建築様式が広まっているという。カナダやアラスカ北極圏に住むイヌイットの家は掘っ建て小屋のような簡素なものが多かったが、ここグリーンランドの住居は洗練されていた。

海岸に近い道路を歩いていると、小さな市場があった。目玉をぎょろつかせた深海魚のような魚からニシンまで多くの魚が台上にあがっている。海に囲まれたグリーンランドの経済を支えているのは毛皮や観光と共に、豊かな海産物なのだ。

ヌークの街をウロウロ歩いていると、なんとなく落ち着かない文化の折衷を感じることがある。このグリーンランドの首都は、伝統と欧風の近代化とのはざまでこれからも常に揺れ動いていくのかもしれない。

街の外れにあるグリーンランドツーリズムのオフィスで高田さんに会うことができた。高田さんはもともと世界中でカヤックを漕いでおり、ツアーでカナダのバフィン島を訪れ、対岸に望むグリーンランドを目にしたことをきっかけに北極にのめり込んでいく。その後、グリーンランド北西部にあるカナックという村を訪ね、まだ現役でカヤックを使ってイッカク漁に出ていたイヌイットたちと仲良くなり、そこで旦那さんとなる男性ともはじめて出会ったのだった。日本では大企業であるサントリーに勤める会社員だったが、まもなく退職し、旦那さんのいるカナックに移住した。旦那さんの仕事の関係で、一時カナックから東部の町に移り、さらに現在ではヌークに居を移して、グリーンランドツーリズムのオフィスで働いている。一歳と二歳の二人の子どもがおり、すっかりグリーンランドに馴染んでいた。

グリーンランドで結婚をし、この大地を終《つい》の住処とするには大きな決心が必要だったのではないか、などとぼくなどはつい思ってしまうのだが、実際に出会った高田さんは実に颯爽としており、肩の力が抜けていた。虚構だらけの都会生活を脱出し、グリーンランドで生命力に溢れたイヌイットの人々と生きる。それはなんてかっこいい人生なのだろう。

「グリーンランドだからといってとりたてて不便に感じることは何もないですよ」と言う高田さんの横顔からは、生活に溶け込んでいる様子がうかがえる。北西部のカナックで過ごした二年間の話を聞きながら、植村直己さんの本の影響もあって、ぼくの想いはグリーンランド北部へとますます募るばかりだった。かの地では、いまだにカヤックを使って猟をし、犬ゾリが現役で活躍しているという。グリーンランド内を移動する飛行機代は高すぎるので、本当はもっと長く滞在できたらいい。いつか時間を気にせず、ゆっくりとこの島のあらゆる村を訪ねてみたいものだ。

保育所に上の子どもを迎えにいく高田さんと一緒に歩いた。グリーンランドのベビーカーはオフロード仕様の極太タイヤを装着しており、悪路も平気で越えて行くのがすごい。ベビーカーに乗った高田さんの二歳になる娘さんは、ぼくが顔をのぞきこむと、瞬きもせず大きな瞳で見つめ返してきた。この子も生きる力に溢れた強いおとなに成長していくのだろう。

ヌークに到着してはじめての朝を迎えた。寝床は簡素なB&Bの一室である。昨夜は何度か目を覚ましては窓の外を見た。深夜三時頃にはじめて日暮れのように少しだけ空が暗くなったように思えたが、朝五時頃にはすでに日の出を迎えていた。海側から太陽が昇ってきたのだろう、幾筋もの美しい光線が街中に注いでいた。

集合住宅の前にあるあぜ道で三人の少女がタンポポを摘んでいた。タンポポは冬の間に固い氷に閉ざされ、しぶとく生きぬいたものだけが春になって顔を出す。北極圏の厳しい冬を生きぬいたタンポポは春になって目一杯花びらを広げ、そして力強く輝いていた。荒野に咲く花の美しさは、花そのものの色彩よりも、そのほとばしる生命力にある。厳しい冬の寒さに打ち克ち、綿帽子と共に再び旅に出るタンポポのような人生をおくれたら素晴らしい。ヌークは鮮やかに咲き乱れるタンポポの町だった。

ヌーク上陸から数日後、ぼくはグリーンランド式のスキンカヤックに乗せてもらえることになった。カヤックの起源は五千年以上前の北極圏に遡る。流木で作られた骨組みに海獣類の皮を張り、海上を行く人間の足として狩猟の道具に使われたのがはじまりだ。

北極圏を中心とした高緯度地域は木も生えないような厳しい環境が多く、先住民のイヌイットたちは流木を用いるなどしながら、生活のために必要不可欠だったカヤックという道具を作った。時代を経るごとにそのデザインは洗練され、さらに漕ぎ手の側もさまざまなテクニックを編み出し、継承していった。世界中で売られている「ファルトボート」と呼ばれる折りたたみ式のカヤックが、北極圏で生まれたスキンカヤックを基にしているのはいうまでもない。

カヤックの発祥の地、グリーンランドでイヌイットが実際に使っているカヤックに乗る、それはぼくの昔からの夢だった。ヌークの入り江にある小さなガレージで、ぼくははじめてグリーンランド式カヤックの美しいフォルムに触れた。

十九時、あたりには淀んだ靄《もや》がかかっていた。ほぼ白夜のグリーンランドでは夜になっても当然明るいままなのだが、夕方以降になると突然深い霧に包まれることがある。その日も、本来ならくっきり見える水平線が、目に涙がたまっているかのようにぼんやりと、そして崩れていきそうにしか見えなかった。

入り江にはカヤックの倉庫とでもいうべき小さなガレージがあった。中に入ると作りかけのカヤックが何艇も天井からぶら下がっており、一人の男がデッキを覆うキャンバス地にアイロンをあてているところだった。目があったので、「見てもいいですか?」と尋ねると即座に「だめだ」と言われた。その直後、男はニッといたずらっぽく笑い、手招きをするのだった。男の名はハンス。見かけは白人だが、グリーンランド生まれでグリーンランド航空に勤める中年のたくましい男だった。

「コクピットをとりつける際にテンションをかけ忘れて、キャンバスが波打ってしまった。こうしてアイロンをかけてまっすぐにしてるんだ」とハンスは言った。

「ずいぶん小さいカヤックだね」とぼくが言うと、「息子のために作ってるんだ」と彼は作業の手を休めずに言う。グリーンランドの大都会、ヌークではカヤックを使って猟に出ることなど滅多になくなってしまったが、それでも人々はカヤックを作り続け、休日には入り江でテクニックを磨いている。ここグリーンランドでは、カヤックは買うものではなく、自分の手で作りあげるものなのだ。

「昔日本人の女性がカヤックを作りにここまでやってきて、作り終えて帰っていったこともあった。それとね、フェザークラフトの社長のダグ・シンプソンもここにきてカヤックを作っていった。彼はいい男だったな」

フェザークラフトというのは世界的に信頼され、多くの厳しいエクスペディションに使用されているファルトボートの会社で、ぼくもフェザークラフトの一人艇カヤックを使ってユーコン川を下っている。世界中のカヤック狂いたちがこのような遠い異国の大地を訪ね、ルーツとしてのグリーンランドをリスペクトしていた。

ハンスは根っからのカヤック好きで、次に作りたい艇のことや、グリーンランド西岸を漕いだ青年の話、さらに人のいない東海岸を漕ぐことがどんなに面白いかについて、下手な英語で力強くぼくに語ってくれた。

やがて、今からカヤックを漕ぐというイヌイットの親子がやってきた。子どもは十二、三歳くらいだろうか。親父さんはいかにも馴れた手つきでカヤックの整備をしている。その親子とハンスに「カヤックに乗せてもらえないだろうか」と頼むと、彼らはうなずいてくれた。一緒に漕げることになったのだ。今まで何度もカヤックを漕いできたが、グリーンランド特有の美しいスキンカヤックをどうしても漕いでみたかったし、地元の人のテクニックを間近で見られる機会など滅多にない。ぼくははやる気持ちを抑えるのに精一杯だった。

ハンスからガレージにある一艇を借り、海へと運んでいく。カヤックを海に運ぶ際、イヌイットはカヤックを裏返しにしてコクピット部分に頭を入れ、自分の上に乗せて運ぶ。このやり方でカヤックを持ち上げると、バランスがとれているので、手を離しても安定して一人で運べるのだ。空港内に展示されていた百年ほど前のセピア色の写真に写っていたイヌイットも同じやり方でカヤックを海岸まで運んでいたので、これが一番合理的で定番の運搬方法なのだろう。

慣れないぼくは、ハンスに手伝ってもらいながら、カヤックをなんとか海岸まで運んだ。アルミと軽いナイロン生地でできた現代のカヤックに比べると、木のフレームにキャンバス地を用いたグリーンランドカヤックはずっしりと重く、首が縮むかと思ったほどだ。

昔からイヌイットはアザラシの皮で作った精巧なカヤックを用いてセイウチ猟に出ていた。現在ではカヤックを使って猟をする地域はだいぶ限定されてしまったが、それでも現役で使っている人々が確かにいる。グリーンランド北部では、アザラシの皮がキャンバス地にとって代わられたものの、猟の道具としてのカヤックがまだ生き残っているのだ。

イヌイットの親子は二艇の白いカヤックを海岸に並べ、頭まで隠れる全身用のウエットスーツに身を包んでいる。コクピットに水を入れないためのスプレースカートを装着し、彼らが岸からするすると流れるように離れていくのを目で追った。二人は岸から数メートル離れた浅い場所で、いきなり「エスキモーロール」をはじめた。エスキモーロールというのはカヤックの専門用語で、漕いでいて沈没したときに、パドルや体をうまく動かしてカヤックから離れずに再び水面に起きあがる技術のことをいう。エスキモーロールは、覚えれば非常に便利な技術なのだが、完全に会得するのがなかなか難しい上級のテクニックなので何度も練習してコツをつかまなくてはならない。以前、ぼくもプールにカヤックを浮かべてエスキモーロールの練習をしたことがあるが、十回やってようやく一度起きあがれるくらいまでにしか上達しなかった。ぼくが下手だからということもあるだろうが、静水のプールで、水温もほどほどにある状態で行っても習得するまである程度の時間を要する技術なのだ。

「エスキモーロール」という名前からもわかるように、この技はイヌイットが考案した伝統的な技術である。カヤックで猟に出て誤って沈没してしまったときに、氷が浮かぶ寒い海中で脱出し、岸まで泳いでいたのでは低体温症で確実に命を落とす。そこで彼らはカヤックから出ることなしに海面へと起きあがる方法を考えたのだ。それがエスキモーロールという名前で世界のカヤッカーたちに広まり、今では高等テクニックとして知れ渡っている。

本当にこんな冷たい海でエスキモーロールをしているのか少しばかり疑っていたのだが、目の前でロールを繰り返す親子を見て心底感動した。エスキモーロールはその形や方法によって何種類にもわかれ、イヌイットは何十ものエスキモーロールの仕方を記憶している。エスキモーロールの技術の高さを競う大会もあるそうで、この親子は浅瀬でロールの練習ばかりしているのだった。途中から長いパドルをやめて、しゃもじのような短いパドル（これはパドルと言ってもいいのだろうか）に持ち替えて、それを使ってのロールも練習していた。おそらくパドルを使わないハンドロールの練習だと思うのだが、とにかく本物のエスキモーロールの連続にぼくはただ見とれてしまった。

彼らがロールの練習を繰り返すのを横目で見ながら、ぼくも海に漕ぎ出すことにした。グリーンランドカヤックは上下の高さがせまいので、入りにくいことこの上ない。膝を折り曲げながら苦労してカヤックに乗り込むと、あたかもジャストサイズの服を着たかのような一体感がある。「乗る」というよりはまさに「身につける」といったほうがいいだろう。

このフィット感ゆえ、ただでさえ喫水線に近く低い目線を得るカヤックに、さらに海と一体になったかのような浮遊感が生まれた。パドルが細いので操作が難しかったが、久々に海の上でカヤックに乗って、波に揺られるあの感覚を思い出した。このカヤックを自由自在に操り、セイウチにモリを打ち込むイヌイットの強さに惹かれる。彼らの強さはまさしく本物である。

グリーンランドの首都ヌークの町に滞在中、一日に一回海を見にいくのがぼくの日課になっていた。岬では幼稚園の子どもたちが先生に付き添われてピクニックを楽しんでいる。北極圏に近いとはいえ、夏のあいだは暖かな日差しに守られて、厳しい環境は微塵も顔を出さず町は平和そのものだった。

ぼくがいつものように海岸に近い道路を歩いていると、道の脇に小さな市場を見つけた。長靴姿の人々が魚を置いた木のテーブルのまわりを囲み、何をするでもなく椅子に腰掛けて、時おり世間話をしながらのんびり過ごしている。テーブルの上には目玉をぎょろつかせた深海魚のような魚から、大きなニシンにいたるまで、幾種類もの魚が並べられていた。海に面したグリーンランド西側の町で取り引きされる主要な食料は、毎朝漁師が捕ってくる新鮮な海産物なのだ。

市場の奥ではアザラシの解体が行われていた。背の低いイヌイットの男性がナイフとノコギリを器用に使い分けながら解体している。ぼくが立ち止まって作業を見ていると、男はおまえもどうだ、とばかりにニヤッと笑った。

台のまわりは血で汚れており、男の手つきは素早く鮮やかだった。もっと田舎にあるイヌイットの村ではこのような作業を氷上で手際よく行っているのだろう。

生命を殺《あや》めて生きる糧を得るという行為を一般の家庭では行わない日本の人々は、食べ物に対して畏敬の念が希薄になっている。自然と共に生きるために必要な価値観は、苦労して獲物を捕って解体し料理する、という一連の過程を知らないと身につかないだろう。

高田さんの家に遊びにいった。アザラシの肉を食べさせてくれるというのだ。海沿いヌークの中心部からバスに乗って四十分ほどすると郊外の住宅街に着く。長屋式の奥まった部分にある長屋式のアパートに高田さんの住む家があった。長屋式のアパートといっても、二階建ての広いもので、日本とは比べ物にならないくらいゆったりとした作りになっている。

高田さんはアザラシを料理して待っていてくれた。アザラシの肉は週に一、二回食べるそうで、高田さんの旦那さんに言わせるとヌークで売られている肉は臭くて味が落ちるそうだ。やはり自分の手で捕り、その場で解体して食べるほうがよっぽど美味しいに違いない。ヌークでは市場のほかにスーパーでもアザラシの肉が普通にパック詰めにされて売られている。

アザラシの肉は、紫色の血のようなスープとともに煮込まれて食卓に登場した。

肉自体は骨つきで炭のような黒い色をしている。子どもに食べさせるため、マカロニと一緒に茹でられていた。味付けは塩胡椒のみである。

スプーンやフォークなどを使わず、手を使って食べるのが本来のやり方で、今回も手で肉を引き千切りながら食べさせていただいた。

食べた感じはレバーに近い。ぐちゃっとした食感と味、また色もレバーに似ている。塩味のスープも、アザラシの血でこのような色になったのだろう。色がショッキングな割に、なかなか美味しい。スープは塩っ辛いのだが、肉の味が薄いので、味噌をつけて食べたりした。

脂身の部分は、寒い季節にとれた新鮮なものだったら美味しく食べられるようだが、今回は遠慮した。少し口に入れてみたが、要は牛脂と同じでそれだけでは食べられそうにない。このシンプルな料理にイヌイットのナチュラルな強さの秘訣があるように思う。

食後、高田さんに北極に関するさまざまな本を見せてもらい、終バスに乗ってB&Bに帰った。バスは二十三時四十五分頃まで運行している。白夜なので深夜でも明るいが、重く濃い靄がかかり、雰囲気は昼間のそれと違い、街はゴーストタウンのようだった。

ヌークに数日間の滞在後、ぼくは北のカンゲルルススアークに向かった。お世話になった高田さんに挨拶をし、「今度はカナックで会いましょう!」と言って別れた。カナックは極北の村で、人々は昔ながらの自給自足生活を続けている。いつかカナックを訪ねられるように、ぼくも自分の生きる力を鍛えておかなくてはいけない。

KANGERLUSSUAQ
&
ILULISSAT

カンゲルルススアーク／イルリサット

グリーンランドは総面積が二一七万平方キロメートルもある世界最大の島である。面積が広大な一方、そこに住む人の数はわずか五万六千人に過ぎない。世界最大の島でありながら、世界最低の人口密度であるという現状が、この地の特殊な環境を物語っている。

そして、巨大なこの島に暮らす人々は沿岸部に集中している。内陸氷床と呼ばれる中央部はシロクマさえ住めない荒野が広がっていて、海からの恵みを得られない環境ではさすがのイヌイットたちも生活を維持できなかったのだろう。

沿岸部に点在する人の居住地の中で最も規模が大きなのはヌークだが、諸外国からヌークへ向かう直行便は存在しない。この辺境の島へ空路で降り立とうとするとき、人々が必ず最初に立ち寄ることになるのが、グリーンランドの玄関口となっているカンゲルルススアークという場所である。

ヌークより少し北にあるカンゲルルススアークは、緯度は高いもののかなり内陸に位置しており、土地の形状が盆地になっているため、ヌークよりも気温が若干高い。ここが北極圏とはにわかに信じられないほど、夏場は暖かくなることもある。

空港内にあった小さなインフォメーションブースで、近くにユースホステルがあるという情報を得た。しかし、場所は二キロほど離れている。空港からユース方面へ向かうトラックをヒッチハイクして、どうにか宿にたどり着いた。

このあたりで一番安い宿だけあって、立地は悪く、まわりには何もない。氷のない夏場は蚊がやたらと多く、風のないときに少しでも外を歩こうものなら、瞬時に体のあちこちがふくれあがってしまう。

チェックインをしてあてがわれた部屋には、二段ベッドがあった。案外新しかったが、白い壁には血と共にへばりついた蚊の亡き骸が目立つ。きっと前の宿泊者も迫りくる蚊の群れと格闘していたのだろう。ぼくはなんとか部屋に蚊を入れまいと努力をしたが、網戸に隙間があることを発見したときには、本当に落胆した。ここを訪れた旅人が誰しもそうするように、ぼくもまた部屋の白壁に一つ一つ赤い点を作ることになった。

ユースホステルにはぼくの他に客はいない。暇そうにしている従業員が「レンタル自転車もあるよ」と教えてくれたので、借りてみることにした。「Pole to Pole」という国際プロジェクトに参加して北極から南極まで地球を縦断したときに使った自転車と同じカナダのノルコ社製のものがあり、かつての旅を思い出して少しだけ嬉しくなった。そんなに有名ではないこのメーカーの自転車を見かけることは、日本ではほとんどなかったのだ。

宿のまわりは見渡す限りの荒野である。草と灌木、遠くには丘。あまりの何もなさにしばし呆然とさせられた。夕食をとるために、ぼくは自転車に乗って二キロ離れた空港へと向かうことにした。

向かい風の中、自転車をこいでいると、南極点へ向かって長い旅をしていたときの感覚が甦ってくる。砂嵐や吹雪の中でも毎日自転車をこいでいたあの頃を思い出しながら、無心に走っているうちにサイクリングハイともいうべき状態になった。自転車をこいでいるあいだはさすがの蚊たちも近寄ることができず、爽快である。人も車も滅多に通ることのない一本道で、ぼくはただひたすらペダルをこいだ。

空港には、手作りの看板があった。カンゲルルスアークから世界中の都市へ飛行機で向かった場合の時間と方角が描かれている看板で、ここから東京までは約十時間三十分、北極点までは三時間ほどのフライトらしい。随分北までやってきたものだ。空港の食堂で揚げたてのフライドポテトを山盛り食べている西洋人を尻目に、ぼくは何も考えず極北の空をただ眺めた。

値段の高いサンドイッチを食べて、さらに自転車で空港のまわりを徘徊していると、空港からは見えないところに、廃墟のような町が存在していることに気づいた。そこにはホテルが数軒と、市民会館やボウリング場、パブなどが一軒ずつぽつりぽつりと建っている。それらは四角い箱型の味気ないもので、プレハブの倉庫に店の看板を掲げただけの無個性の極みみたいな建物たちだった。必要最低限の店を無理やり建てたかのような違和感がある。町のはずれには雪解け水が大地を削って流れるコーヒー色の川があり、その先に氷河が見えた。内陸部に一年中存在している人を寄せ付けない万年氷床の端っこである。

それを目にしたとき、ぼくはどうしても氷河が見たくなった。翌日、空港で運転手付きの四輪駆動車を借りて、氷床へと向かうことにした。とてもじゃないが自転車で行ける距離ではなかったし、ひどい凸凹道がそれを試みることさえ拒絶する。

川沿いを通って内陸部へ徐々に車を進めていくと、だんだん川幅が大きくなり、支流も増えてきた。あちこちの氷が溶け出し、砂を押し流して乳白色の新たな川を次々に生んでいる。合間の地面には、染み出したような赤紫色の名もなき小さな花が点在している。地面を這うようにして寄り添う花々は、そこしれない生命の輝きに満ちていた。

いくつかの丘を越えると青白い氷河がようやく姿を現した。地球の力によって押し出された氷壁部分は斧で叩き割られたかのように荒々しく空を削りとって屹立している。その根元は川の流れによってアーチ状にえぐられ、氷のトンネルを築き上げていた。近くに寄りすぎると、わずかな振動をきっかけに氷が崩れるので、人が近づいても安全な位置がレンジャーによってあらかじめ決められていた。

氷河をじっと見つめていると、氷が何層にも分かれていることに気づく。氷河は年々減退しているものの、そこには気の遠くなるような地球の記憶が刻まれている。内陸部から押し出され、崩れ落ちた氷は溶けて川を作る。そして長い旅を経て再び海に還っていくのだ。

この氷河は一日一九メートルほど移動するという。明日には一九メートル先の見知らぬ氷が顔を出し、明後日には三八メートル先の氷が崩れ落ちて川になる。

この二年後、ぼくは再びカンゲルルススアークを訪ねることになるのだが、そのとき見た氷は、いったいどのくらい前に生まれた氷だったのだろう。

途方もなく長い地球の時間を思いながら、人間の一生の短さを考えた。世界中の人々の営みが折り重なりながら、押し出される氷河のように世代が交代し、また新しい環境が形成されていく。人間も地球のサイクルに組み込まれた一つの流れに過ぎないのだろう。その中で自分は何を経験し、何をすることができるのだろうか。崩れ落ちた氷が、再び川を作って海に流れ込むように、ぼくもまた自分の生命が地球のサイクルに還元されていくことを願う。余計なものを残さず、あるべきものを壊さない。人間は特別な存在ではなく、太古から続く時の流れはこうしているあいだにもぼくたちを包み込んで未来へと運んでくれている。

二〇〇六年十二月、ぼくは再びカンゲルルススアークにいた。今回の目的地はさらに北のイルリサットという街に滞在して写真を撮ることである。そのため、日本からアムステルダム、コペンハーゲンで飛行機の乗り継ぎをし、さらにカンゲルルススアークで最後の乗り継ぎをするために再上陸を果たしたのだ。しかし、季節は二年前とまったく異なる真冬である。滑走路は氷に閉ざされ、タラップを降りてから荷物を受け取る場所に入るまでの足取りさえおぼつかなかった。地面が凍っていて、慎重に足を運ばないと前に進めない。こんな状態の滑走路に飛行機はよく着陸できたものだと感心する。

当然、群がってくるヤブ蚊もいなかった。空港で働く人々は暖かそうなつなぎを着て、足下は分厚いゴムブーツを履いている。真っ赤に塗られたグリーンランド航空の機体は白い空港の中でひときわ存在感を放っていて、乾燥した夏の荒野で見たときとはだいぶ印象が異なった。

空港で一度荷物を受け取ると、防寒着を取り出して北極仕様の完全装備に着替えた。服は重ね着し、足下も雪国の人々が冬の定番靴とするソレル社製のスノーブーツに履き換えた。空港前の道路は凍り付いて、とてもじゃないが自転車では走れそうにない。乗り継ぎ便を待つあいだのつかの間の滞在なので、ユースホステルまでも行けなかったが、おそらく閉まっていただろう。夜が長いこのような季節にカンゲルルススアークに滞在する物好きな旅行者がいるとは思えないし、もしいたとしたらオーロラ見物の観光客だろうが、わざわざここまでオーロラを見に来られるような余裕のある観光客はユースなどには泊まらないはずだ。

空港周辺でしばらく極北の大気に体を慣らしてから、さらに北のイルリサットへ向かってぼくは再び機上の人となった。機内にいる人の多くはアジア系の顔立ちをした先住民の人たちで、ヨーロッパからやってきた白人はここではマイノリティである。

「イルリサット」という街の名は、先住民の言葉で氷山や氷塊を意味する。その名の通り、デンマークで自然遺産に登録されたアイスフィヨルドが街の背後に広がっているのだが、まだまだ日本での知名度は低い。グリーンランド内では一応三番目に大きい街で、人口は約四千人である。

イルリサットの空港に到着したのは、二〇〇六年十二月二十二日十時だった。街は港を挟んで、空港からタクシーで十分ほど行ったところにある。デンマーク領だけに、港に面して建ち並ぶ北欧風の家々はカラフルで可愛らしい。まだ昼前だというのにいくつかの家に明かりが灯っていて不思議に思ったのだが、その後、一週間ほどこの街に滞在してその理由がわかった。明るい日中はあっという間に終わってしまうため、人々は光を惜しむようにして生きている。二十四時間、ずっとあたりを照らす街灯もあり、空はいつも少しだけ陰っている感があった。十五時頃には暗くなり、翌日の午前中まで長く寒い夜が続く。一日中歩きまわって写真を撮影したかったのだが、明るい時間が限られているので、長く滞在していても撮影できる時間はごくわずかである。

ちょうどクリスマスの時期だったこともあり、犬たちの住処の奥にクリスマスツリーが立てられていた。昔のイルリサットは、デンマーク人の宣教師と共にやってきた商人の交易拠点としても栄えていたので、古びた集落というよりは、洗練されたシンプルな街の様相が垣間見られる。

街に暮らすのは日本人に顔立ちのよく似た人たちで、主な産業は漁業ということになっている。魚を捕る以外に、人々は犬ゾリでトナカイやシロクマなどの猟をして暮らしており、捕った獲物はもちろん食べるわけだが、革をなめしたりして、お金にも換える。

グリーンランド北部では、まだまだ犬ゾリが現役である。イルリサットで実際に乗せてもらった狩猟のための犬ゾリも、ごく日常的に使われている暮らしの道具だった。犬の多くはグリーンランド犬で、体格はそんなに大きくないが足腰は相当強そうだ。色は白っぽいものが多い。

荷物などを載せていない場合は、人間は基本的に横座りでソリに乗り込むことになる。椅子や座席はなく、堅い板の上に直接座った。木製のソリには、釘などが一切使用されていない。凹凸の激しい乱氷帯の上や行く手を阻む小高い氷山、足場の悪い氷河を横断するときなどにも、こうしたソリは適度にたわみ、衝撃を吸収しながら、その役割を十二分にまっとうする。

ただし、乗り心地はすこぶる悪かった。まず、地面の凹凸によって跳ね上がる振動が直接お尻と腰に伝わり、しがみついていないと振り落とされそうになる。横座りするのは、犬がロープに絡まったり、アクシデントに見舞われたら、すぐにソリを降りて走れるようにしておかねばならないからなのだが、犬を助ける前に自分が落ちるのをこらえるのに精一杯だった。思っている以上にスピードは速く、小石が剝き出しになった登りの斜面も犬たちは元気に突き進んでいく。

アラスカやカナダの犬ゾリは二列だったが、グリーンランドのそれは隊列を扇形に組んでいた。クレバスや海面に落ちたとき、一直線に並んでいるよりもこのような形状に組んでいたほうが助かりやすいのだろう。犬を結ぶロープには細めのナイロンロープが使われていた。

このような犬ゾリは科学技術が発達していないとか文明が遅れているとかそういった理由で使用されているのではなく、氷雪上を旅する上で敢えて積極的に選び取られたものである。

乗せてもらった犬ゾリのマッシャーに、スノーモービルは使わないのか？　と尋ねると、「機械は壊れたら終わりだよ」というシンプルな答えが返ってきた。一人で猟に出て、フィールドでスノーモービルが壊れたら、あるいは燃料が切れてしまったら、それがどんなに優れた猟師だったとしても生きて村に帰ることはできないだろう。

極地で生き抜くための知恵には、それが受け継がれてきた明確な理由がある。グリーンランドの犬ゾリは郷愁に彩られた過去の残滓《ざんし》ではなく、現在にいたるまで優れて同時代的な移動手段なのだ。ぼくのカメラは凍って動かなくなることが何度もあったが、犬たちは白い息を吐きながらいつまでも走り続けてくれた。

また、陸ばかりでなく、朝のアザラシ猟にも同行させてもらう機会があった。小型のボートで凍り付いた海上の割れ目を伝って港を出て、アザラシを探しながら氷山を縫うようにして移動する。大きな氷山は時折、何かの拍子にひっくり返ることもあるので、注意が必要だ。浮いている氷山がひっくり返った際にわき起こる波によって船が転覆するような事故は今までに何度も起きている。

ボートを操縦する男は、急にエンジンを止めると、遠くの洋上に向かって銃を構えて、引き金をひいた。ぼくにはまったく確認できなかったが、アザラシの頭が海上に出ていたらしい。赤いアノラックパーカに身を包んだその男は数時間のあいだに三、四回銃の引き金をひいたが、いずれも命中せず、猟は不発に終わった。

イルリサットの港には多くの漁船も停泊していたが、近年は漁業の不振が続いている。イルリサットでは例年に比べてニシンが捕れなくなり、ぼくが到着する少し前にも、犬ゾリのために飼われている犬たちがエサとなる魚の不足によってやむなく殺されたというニュースが流れた。ニシンが捕れなくなったのは、温暖化による海流の変化が原因だといわれているが、詳細はよくわからない。

北極と南極は、地球の危機を真っ先に知らせる「炭坑のカナリア」だと言われている。それはこの白い氷が温暖化に特に敏感に反応するからだ。現在、世界全体の平均気温は一四・五度で、温暖化によってその気温が二〜三度上がるなどと簡単に解説されることが多いのだが、赤道近くで〇・五〜一度上がっただけで、北極の気温は七度も上昇する。それによって、最後の氷河期からずっと安定していた海流も空の気流も大きく変化し、地球全体が予期せぬ事態に見舞われることは、すでに多くの科学者が指摘してきた。ニシンの件がこれと関係していないなどと誰も言い切れないだろう。

ただし、ぼく自身が北極の温暖化について、実感することなどまずない。それどころか、冬の北極圏の恐ろしい寒さに身体が硬直するばかりである。環境の変化に一番敏感なのは、科学者でも研究者でもなく、ましてや一時的に滞在しただけの外国人でもない。その場所に根を張って自然の恵みを受け取ってきた地元の人々こそが、その変化に適応するための知恵を編み出して、どうにか生きる術を模索する。そこにあるのは声高な主張ではなく、静かな行動である。

イルリサットの町の背後の小高い丘の上に、墓地があった。住民は古くに行われた布教によって、ほとんどがキリスト教徒になっている。

墓の奥に進んでいくと、美しい氷河を見下ろすことができる。高層ビルのような巨大な氷山が海岸線に浮かび、光の当たり具合によって氷はさまざまな色に変化していった。こうした風景を見ていると、イルリサットがまさに氷河と隣り合わせの街であることがよくわかる。この氷河はおよそ四〇キロも続き、流れ出した氷塊は、大西洋へと向かっていくはずだ。

イルリサットを訪れる旅行者のほとんどは、白夜で昼の長い夏に訪れ、アイスフィヨルドまでのハイキングやクルーズなどを楽しむそうだが、冬のこの街の風景は格別だと思っている。気象を読み、獲物の居場所を察知し、ホワイトアウトの中でナビゲーションをする人々の真骨頂は、厳冬期の生活において凝縮された力を最大限に発揮する。そのように体全体を使って生きている人たちに出会えることが北極圏の魅力なのだ。ここでは五感を開き、積極的に生きようと思わないと生きていけない。

イルリサットという地名は日本ではよほど詳しい地図でないと載っていない。世界地図を広げるといつも白く塗りつぶされているグリーンランドは、しかし不毛な氷の大地ではなく、実は海産物に恵まれ、多くの動物が棲む豊かな土地である。

氷の海を邁進するアザラシ猟に同行しながら凍て付く寒さを恨めしく思ったが、人は環境に合わせて自分たちの身体を当然のごとく適応させてきたのだ。環境を変えるのではなく、ぼくたちが変わればいい。スノーモービルではなく犬ゾリを積極的に選び取る知恵をもった北方の民から学ぶことはたくさんある。ヨーロッパ人による北西航路探索よりもずっと昔から暮らしてきた人々が確かにいる。

北極の歴史は暗黒の荒野を突き進む冒険と探検の歴史ではなく、動物や人間たちの営みの歴史である。そこから滴り落ちた知恵のしずくは、人間がかろうじてその内に残してきた野性のエッセンスなのだ。

NORTHERN NORWAY

ノルウェー北極圏

「きっと今ならトナカイと一緒に沿岸のほうへ移動しているはずさ」

二〇〇六年九月、ぼくはトナカイの遊牧に長けた北方の少数民族、サーメの人々を探していた。ノルウェー北部のフィンマルク地方に、サーメの人々にとって事実上の首都ともいえるカラショークという街がある。その小さな街の郊外にあった農家で道を尋ねると、冒頭のような答えが返ってきたのだ。

くすんだブラウンヘアーの男は青いつなぎを着て庭仕事の真最中だったが、妙な日本人が突然声をかけたにもかかわらず、快く話をしてくれた。彼もサーメだが、今はトナカイに関わる生活はしていない。サーメといえども、今では誰もがトナカイの飼育を生業《なりわい》としているわけではないのだ。

サーメは北極圏に住む先住民族で、ノルウェー、スウェーデン、フィンランド、ロシアにまたがるスカンジナビア半島の北部に暮らしている。以前はそのあたりをラップランドと呼び、サーメのことをラップ人とも称していたが、「ラップ」は、フィンランドの古語で「追われる人」という意味があるため、現在ではそうした名称は使用を控えられている。

サーメの人々は独自のサーメ語を話し、トナカイの遊牧をしながら移動生活を送ってきた。もともと狩猟採集民だったが、野生のトナカイを飼い慣らす術を身につけ、トナカイの移動に合わせてコタと呼ばれる天幕を住処として、遊牧生活を送るようになっていった。

庭仕事をしていた男と同じように、現在では一般的な職業に就いて普通の住宅に定住するサーメ人が多くなっていると聞く。トナカイの飼育を専業とする人は、人口七万五千人といわれるサーメの、ほんの数パーセントしかいないそうだ。

このような遠い土地へぼくがやってきたのは、この夏、アラスカ北極圏のコッツビューという小さな村を訪ねたとき、サーメの末裔だという若い女性に出会ったからだ。

十九世紀末、サーメの人々がアラスカ政府の要請でトナカイの養殖方法を教えるために、スカンジナビア半島からはるばる北米大陸へとやってきた。そしてそのまま北米に住み着き、現地のエスキモーと交流を結んで今にいたっているため、サーメの末裔がアラスカにいる。

コッツビューの観光案内所に勤めていた小柄な女性は、そのときに住み着いたサーメの子孫だった。彼女に会ったからこそ、サーメという人々にぼくは会ってみたいと思うようになったのだ。

彼女のことを時々思い浮かべながら、ぼくはノルウェー北部のサーメが暮らしている街を訪ね歩いた。あたりの木々は紅葉し、次第に寒さが厳しくなっている。ここはすでに北緯六六度三三分以北、すなわち北極圏である。秋といえども、耳が隠れる帽子と手袋、そしてジャケットは手放せない。


ぼくはアルタという街へ向かった。カラショークがサーメの行政的な首都であるとするならば、アルタはサーメのルーツを保持する土地である。この街の郊外に、紀元前四二〇〇年から紀元前五〇〇年にかけて、サーメの祖先によって描かれた岩壁画が今も残されている。壁画は、氷河に削られて岩盤が剝き出しになった丘とその麓にある湖岸の周辺にあった。

一帯は世界遺産になっているが、過剰な観光地化からは免れている。無意味な装飾など一切ない北欧らしいシンプルな歩道が壁画への唯一のアクセス方法になっていて、あたりは静謐な木々と草花によって守られていた。吹雪いた空のような灰褐色の岩の表面に刻まれた壁画には、トナカイの追い込み猟や熊狩り、オヒヨウ釣りなどの様子が描かれている。写真のように具体的なイメージではないからこそ、簡素な線で描かれた壁画にはここにはない情景をはっきりと想起させる強い力がある。ぼくは今、数千年の時をまたいで当時の暮らしを垣間見ているのだ。

歩道の周囲は森になっており、その中に獣道のようなうっすらとした轍を見つけた。なんとなく気になったので、歩道をはずれて湖岸へ通じる森に入ってみると、森の奥に古木の塊が見える。それが朽ち果てて土に還ろうとしているカヌーだとわかったのは、必死で藪こぎをしてようやく数メートルの距離まで近づいたときだった。

よく見るとあたりにはカヌーの残骸がいくつも転がっている。その先の湖岸には時代を感じさせる木造の家が点々とあり、裏の森がカヌー置き場になっているようだ。サーメの人々は昔から家に鍵をかけず、訪れる人は誰でも歓迎し、部屋と食事を提供したという。ソリやカヌーは森に置きっぱなしで自由に使い合い、使い終わったら元の場所に戻す。それが唯一のルールだった。

森にたたずむカヌーもきっとそうして使われてきたのだろう。厳しい自然の中で生きていくためには、あるコミュニティーの中ですべてを分かち合う必要があった。役目を終えたカヌーは、それが生まれた場所である森に返す。サーメの人々にとってそうした行為はごく当たり前の習慣だったのだ。

アルタを出て、さらに北へ向かっていると、道路の近くやその先に広がる草原でトナカイの群れを見かけた。秋は交尾の季節で、数少ない大人の雄のトナカイは数十頭の雌と一緒に過ごす。ぼくが見たのもきっとその群れの一つだろう。野生に見えるけれど、うろついているトナカイのほとんどはきちんと持ち主が決まっているらしい。

トナカイの群れと幾度となく遭遇しながら、ヨーロッパ最北端の岬であるノールカップの手前で、名もなき小さな漁村を通りかかった。何のあてがあるわけでもなかったが、ふらりと立ち寄って村の小道を歩いていると、一軒の家の壁に「お土産あります」という手書きの小さな看板があるのを見つけた。もちろんノルウェー語で書かれている。扉を叩くと、赤と青を基調にしたサーメの衣装を着たおばあさんが、ゆっくりとドアを開けてくれた。

玄関に入ってすぐ横の小さなスペースに手作りの工芸品がわずかに置かれていただけで、とても店と呼べるような雰囲気ではない。きっと彼女の自宅なのだろう。玄関横には古いトナカイの角が並んでおり、それがどうしても気になったので、購入を決意する。おばあさんは英語をほとんど話せないために詳細はわからないが、角が苔むしているところを見ると、それらは森に落ちていたのを拾ってきたのだろう。これだけの数のトナカイが生息しているなら、生え替わる角で森は埋め尽くされているのかもしれない。そのことを想うだけで、遠い神話の世界を間近に感じることができる。

サーメにとってトナカイは財産そのものである。例えば「何頭のトナカイを飼っているのか？」とサーメに問うのは、「あなたはいくら貯金があるのか？」と尋ねているのに等しく、非常に失礼にあたるという。トナカイの所有数は、どれだけその家庭が裕福であるかを計る指標になっているからだ。

ぼくがあまりにもトナカイのことを尋ねたものだから、おばあさんはあきれ顔で「トナカイの肉を解体するので見ていくか」と誘ってくれた。地下の倉庫にあったのは、赤い血をしたたらせた巨大な肉である。食用の肉になるのは雄のトナカイばかりで、肉以外の骨、角、皮は工芸品などに使われる。解体作業は一見すると乱暴だけれど、その身ぶりにはすべての部位を残さず使うための洗練された技術と、自然への深い敬意が込められていた。死ぬとトナカイに生まれ変わるというサーメの言い伝えも、そうした自然への感謝から生まれたものだろう。

独自の言語や絵文字をもち、知恵はすべて口承で受け継ぐヨーロッパ最古にしてほぼ唯一の先住民であるサーメは、目に見えるものも見えないものも等しく分かち合いながら生きている。それは人間同士のみならず、大地そのものと互恵的な関係を結び、時間や経験をシェアしながら、あるべき場所に還っていくという生き方なのだ。彼らは声高には主張しないが、自然によって生かされているということを、この地に暮らすほかの誰よりもよくわかっているだろう。

おばあさんと出会った漁村からすぐのところにノールカップという岬はあった。北端の岬がどこもそうであるように、石碑や休憩所があるだけの簡素な地で、目の前には北極海へと続くノルウェー海が広がっている。あいにくの曇天と強風は、世界の果てを感じさせるのに十分の演出だった。

ここで旅を終えてもよかったが、壁画のあったアルタで、気になる情報を入手していた。つい最近、ノルウェー海の沖合に浮かぶロフォーテン諸島で、古い壁画が見つかったというのだ。おそらく今のようなサーメ文化ができあがるもっと前に描かれたものだろう。ヨーロッパの最果ての小さな島に人々が何を描いたのか、ぼくは旅の最後にそれを確かめようと思った。

ノルウェーの首都オスロから北へ飛び、北緯六六度線を越えてすぐの街、ボードーから「フッティルーテン」という大型の沿岸急行船を利用して、ロフォーテン諸島を目指した。かの群島は主だった四つの島と無数の無人島からなり、大きな島の間は橋で結ばれ、一本の国道が延びている。

最初に訪れたのはメインの島であるアウストヴォーグ島の港町、スヴォルヴァールだ。後章のスヴァルバール諸島と名前は似ているが、関係はない。そのややこしいスヴォルヴァールから南のフィヨルド沿いを車でひたすら走り、壁画があるという目的の島を目指した。島の経済は鱈《たら》漁によって支えられており、ひなびた漁村の風景が続く。日本のこぢんまりした漁村と様相が異なるのは、氷河期に形成されたという荒々しい地形のはざまに、質実剛健という言葉がいかにもふさわしいシンプルな家が一軒ずつ点在していることだ。海と山が接近し、砂浜もほとんど見あたらず、さざ波が打ち寄せるのどかな岸辺とはほど遠い雰囲気がある。

地元の新聞に載っていた考古学者の説によれば、目指す壁画はアルタの壁画よりもさらに古く、一万年前に描かれたのではないかという。記事に出ていた第一発見者のクヌート・エーラーセンという老人は、スヴォルヴァールから船で一時間のところにあるストーレモラ島という小島の浜に夫婦でひっそりと暮らしている。島にはその夫婦しか住んでいないので、もちろん定期船などはなく、ぼくはボートをチャーターするしかなかった。

ボートに乗って島々が集まる水路をひたすら移動していく。やがて、ボートの船頭が「おーい」と声をあげると、木造の小さな家からクヌートが顔を出した。年金生活者である彼は、これまで三、四十年にわたって近くの無人島へたびたび奥さんとベリー摘みに出かけてきた。その日も人里離れたオストボーグ島という無人島までベリー摘みに出かけ、たまたま藪の奥にある岩壁に光が射して、牛のような絵が浮かび上がるのを察知したというのだ。

彼は面倒な様子も見せずに、ぼくをその無人島まで連れていってくれた。小さなボートに乗り込み、先導しつつさらに水路の奥へと進んでいく。人の気配がない小さな島の岸辺にボートを接岸させると、ぼくらに向かって「ここだ」と叫んだ。ぼくが乗っているボートも同じように岸辺に接岸し、島に上陸することができた。

壁画はここからさらに歩いた場所にあるという。藪をかき分けながら道なき道を進んでいくと、視界が開けて、三角形の岩の前に出た。彼が「あそこだ」と言って岩のほうを指さすのだが、ぼくにはさっぱりわからない。その岩の前までいって、彼が壁画の輪郭と思われるものを指でなぞってくれて、ようやく「もしかしたら何かが描かれているかもしれない」という程度までは認識できた。絵はそのくらいうっすらとしていて、ほとんど消えかかっていた。彼は数十年ものあいだそこに住み続けて養った心眼をもっているのか。はるか昔にそこで暮らした古代の人々と相通ずる心の動きを老人が持っているとしかぼくには思えなかった。

彼は言う。「な、見えるだろ?」と。

見える、かもしれない。いや、見えなかったかもしれない。大切なものは眼には見えない、などと今さら『星の王子さま』を引くつもりはないが、多少の復元を加えられた美しいアルタの壁画よりも、クヌートが指した見えない壁画のある風景がぼくの頭に焼き付いて離れない。

牛なのかトナカイなのかわからないが、この荒涼とした島にも、動物たちが多く暮らしていた時代があったのだろう。壁画は正式な発掘作業が行われ、いずれは美しい輪郭を得ることになるはずだ。しかし、ぼくは第一発見者である彼の「な、見えるだろ?」という言葉を忘れない。世界はそういうふうにできている。

もうすぐ、北極圏に長く暗い冬が訪れる。ひたひたと押し寄せる闇、そしてその後には芽吹きの光がやってくる。春にはトナカイたちに子どもが生まれ、またトナカイの角は、森に落ちて苔むしていくのだろう。

ぼくはそうした日々の移り変わりを見ずに帰途につく。暮らした者にしか見えない何か。それがあの宝物のような壁画だとしたら、一度は北極圏に長く暮らしてみるのもいいかもしれないと思ってしまう。

SVALBARD ISLANDS

スヴァルバール諸島

スカンジナビア半島のはるか北、グリーンランドよりさらに北東に、スヴァルバール諸島という群島がある。北極圏の中でも北緯八〇度付近の極北に位置し、世界最北の人の居住地として知られている。夏は光で満たされる白夜、冬は闇に包まれる極夜となり、冬の最低気温はマイナス三〇度以下にまで冷え込む。

二〇〇七年四月のある日、地球の最北を目指して、ぼくは日本を発った。成田からノルウェーのオスロへ行き、そこからスヴァルバール諸島へ向かう飛行機が出ている。かのスピッツベルゲン島で最大の町であるロングイヤービーエンには小さいけれど整備された空港があり、スカンジナビア航空の定期便が週に五便以上、主にノルウェーのトロムソから就航しているのだが、シーズンによってはオスロからの直行便も出ていた。極北に位置しながらこのようにアクセスが比較的容易なため、極地研究の拠点としても世界的に認知されている島である。

ロングイヤービーエンの空港に到着し、ホテルへ向かうバスから車窓の風景を眺めていると、今まで訪ねてきたアラスカやグリーンランドとは何かが異なっていることに気づく。炭坑関係の建物をのぞけば、街の中に歴史的な建造物は見受けられず、ノルウェー風の三角屋根を備えた比較的新しい町並みが広がっており、違和感の要因はどうやらそのあたりにあるようだった。グリーンランドやアラスカに比べると街に生活感がなく、同時に整然かつ洗練されすぎている。今まで旅してきた村で感じた野性味や厳しさといったものが、この街にはない。

古来、スヴァルバール諸島には人が住んでおらず、ロングイヤービーエンも後から白人が移住して作った街なので、犬ゾリや漁に出かけるイヌイットたちの姿はない。つまり、年輪が刻まれた古い文化の類に出会うことがほとんどないということになる。

島全体の人口はおよそ二千四百人で、そのうち二千人がロングイヤービーエンに住んでいる。街のガソリンスタンドには、車ではなくスノーモービルが並んでいることからもわかるように、街の中の移動に関しては車よりもスノーモービルのほうが断然便利で安全のようだ。道路は街の中にしかなく、市街地の移動だけのために車を使うのは経済的ではないのだろう。

雪の中にたたずむこうした人工的な町に降り立つと、都市はその輪郭を地球のどこまで延ばしていくのだろうか、と考えてしまう。シロクマが徘徊する強く厳しい自然が町のすぐ外側に迫りながら、人間は自分の生息範囲を守って生活し、ある覚悟を持ってその境界を出たり入ったりしている。技術の発展に伴った人間の生活圏の拡大が、こうした特異な都市の形を築き上げてきたわけだが、果たしてこれを人間の適応としてとらえていいのだろうか。

ホテルにはヨーロッパからの観光客が大勢いた。まわりにはスーパーや学校などもあり、街の中で暮らしているぶんには不自由なことなど何もない。ホテルも、アラスカのモーテルのようなうらぶれた宿ではなく、あらゆるものが整った高級ホテルである。

イヌイットなどの先住民すら住んでいなかったスヴァルバール諸島に人の痕跡が刻まれたのは、一五九六年のことだった。オランダ人探検家のウィレム・バレンツが島を発見し、それ以来、島は捕鯨基地として知られるようになっていった。一八九〇年代にノルウェーによる石炭採掘がはじまり、無人島だった島に各国が進出して定住者が現れるようになる。しかし、近年の世界的なエネルギー構造の変化、すなわち石炭資源の枯渇などによって炭坑の閉山が相次ぎ、石炭業に従事する人は減少する一方だという。漁業やわずかながら狩猟なども行われているが、最近は主に観光業に力を入れているようだ。

ホテルの部屋の窓からは、海と山を同時に見ることができた。このような風景を、守られたホテルの部屋から見られるなら、確かに観光も成立するだろう。ぼくが訪ねた四月末は、暗い冬が終わりかけている頃で、ちょうど白夜の季節がはじまろうとしていた。もう夜だというのに、空はまだ薄暮の状態で、光と闇がせめぎあいを続けている。美しい空の彼方に何があるのか、山の向こうへ行ったら何が見えるのか、白く塗りつぶされた地図から得られる手がかりはない。自分の足で歩きながら確かめるしかないだろう。

翌朝ホテルを出て、しばらく外を歩いてみることにした。すれ違う人々の会話はノルウェー語のようだった。島は法的な意味合いではノルウェー領にあたるけれど、住民の四割がロシア人で、公用語であるノルウェー語のほか、ほとんどロシア語しか通じない小さな村もあるという。ぼくはそのロシア語しか通じない村というのが気になった。

ロングイヤービーエンから六、七時間もスノーモービルで走らないと、その村にはたどり着けないらしい。幸い街にはスノーモービルを貸してくれる店がある。

スノーモービルなど運転したこともなかったが、店の人に話を聞くと、誰でもすぐに乗れるという。ぼくはスノーモービルを借りて、バレンツブルグという名の海沿いの村へ思い切って遠出してみることにした。

店の前でスノーモービルを試運転する。バイクと同じようにハンドルの左右にブレーキとアクセルがついている。バイクのようにバランスをとる必要がない分、未経験者でも確かにすぐに乗れる。最初はアクセルの加減がよくわからずに吹っ飛ぶように走り出すこともあったが、十分も練習すれば無難に乗りこなせるようになった。

街の外に道路はなかったが、スノーモービルで走ったらしい轍は、どこまでも続いている。ぼくはバレンツブルグを目指して街の外へ向かって走り出した。

スヴァルバール諸島はシロクマの生息密度が高いことで有名である。銃などは携帯していなかったので、シロクマに出くわさないか緊張しながら走った。シロクマに出会った場合は、スノーモービルのエンジンをふかし、爆音で驚かせるしかない。「Pole to Pole」の旅で出会ったカナダのイヌイットの青年がそうやって何度もシロクマを追い返していたのを思い出した。

あたりは白い氷原が限りなく続いている。時折、大きな氷山が視界の端に入ってくるので、休憩がてら氷山に近づいて写真を撮りながら移動した。雪も氷も本来無色透明なのに、それが幾重にも折り重なることによって光の加減で色が出てくるようになる。透明に近い淡い青は、時間を忘れて立ち尽くしてしまうほど美しかった。

氷山のあいだをすり抜けながら走り続けると、やがて海に面した大きな湾に出た。湾の対岸に村らしきものが見えてきた。バレンツブルグに着いたのだ。

バレンツブルグは、一九三二年にソ連の鉱山会社が採炭をはじめたことによってひらかれた小さな集落である。十八〜十九世紀にはじまった産業革命によって石炭の需要が急増すると、この島はヨーロッパ諸国の注目を集め、一九〇六年に最初の炭鉱が開かれた。以後、鉱業の島としての発展がはじまり、バレンツブルグもそうした時代のうねりとともに勃興していった。

人口はおよそ九百五十人、そのうち男性は七百五十人、女性が二百人という労働者の村である。街を歩いていると、旧ソ連時代に描かれた労働者を讃える壁画が多く目についた。以前、美術館でプロパガンダ・アートの展覧会を見たことがあったが、まさにこの村はそうした絵の宝庫だった。

近年は炭鉱も閉山されつつあり、街を離れる人も増えているという。この街に千人の人が暮らしているとはとても思えなかった。人影は少なく、昼間なのに店も閉まっている。ソ連の崩壊以降、そのまま時計の針が止まっているかのようだ。

人の気配はほとんどないが、それでもまれに歩いている人を見かける。マンションのような建物に向かって足早に歩く女性に話しかけてみたが、英語はよもや片言のノルウェー語さえも通じない。半ばゴーストタウンのような雰囲気だった。

泊まれるホテルがないか探していると、レンガでできた巨大な建物の側壁に「HOTEL」と大書されているのを見つけた。どうやらここが村で唯一の宿泊施設のようだ。ちょうど吹雪きはじめてきたので、スノーモービルを置いて建物の中に入った。どう見てもお客がいるようには思えない雰囲気だった。中にはほっかむりをした老婆が一人いて、もちろん英語は通じなかった。身ぶり手ぶりでコミュニケーションをとろうと試みると、どうにか理解してくれたのか部屋に案内してくれた。

簡素な部屋だったが、一応ベッドメイクもされていて、十分に泊まることはできる。外にレストランもなさそうだったので「夕食を食べたい」と再び身ぶり手ぶりでお願いした。一時間ほど待つと、彼女は大きな皿に盛られたトマトスープを出してくれた。味のことはほとんど覚えてないが、食事にありつけただけで嬉しかったし、心の底からほっとした。

翌日、せっかくここまできたのだからと思い、バレンツブルグからさらに先へ行ってみることにした。スノーモービルを走らせると一時間ほどで海にぶつかる。村から遠く離れているというのに、海岸にはいつの時代のものかわからない鯨の骨が散乱しており、近くに一軒だけ小屋が建っていた。どうやら捕鯨船が立ち寄ったときに船員が泊まるための小屋のようなのだが、扉にはカギがかかっており、中の様子はわからなかった。

キャンプミラーと呼ばれるその小屋のまわりをうろうろしていると、背後に生き物の気配がする。シロクマかもしれないと思い、おそるおそる振り返ると白いトナカイが数頭こちらを見つめていた。シロクマではないことに安堵しつつ、写真を撮ろうと近づいていくと彼らも驚いたのか山のほうへ逃げていってしまった。彼ら彼女らは雪の上に顔を出した岩にこびりつく苔を食べて生きている。その凜としたたたずまいには、生きていくことの強い意志さえ感じられた。

長く暗い冬は終わりかけている。やがてトナカイの白い毛は抜け落ち、あたりの環境も一変するだろう。白夜の夏はもう目前まで迫っていた。結氷した海面がどこまでも続く海も、黒い海面が顔を出すときがやってくる。ぼくは再びスノーモービルのエンジンをかけ、街に帰ることにした。遠くにいってしまったトナカイは、子どもとおぼしき小さなトナカイと合流して、悠々と谷のほうへ向かって歩いていた。ぼくが去った後も、トナカイの親子はこの地で生きていく。そんなことを考えながらシャッターを切った。

あのときに撮影したトナカイの写真は、この瞬間に流れる無数の時間を感じさせてくれる希有な風景として、ぼくの部屋の壁に今も貼られている。トマトスープの味は今でも思い出せないけれど。

INUVIK
&
TUKTOYAKTUK

イヌビック／タクトヤクタック

カナダのイエローナイフの空港にはアラスカの諸空港と同じく、シロクマの剝製が置いてあった。シロクマという生き物が生息する地域と、「極北」と呼びうる地域はおそらく合致する。シロクマの剝製が置いてある空港に着いたということは、極北にやってきたことの証しである。

二〇〇七年末、年の瀬も押し迫ったこんな時期だから、観光客などいないだろうと思っていたのだが、イエローナイフの空港のベルトコンベアの前で荷物を待っている人の多くは日本人だった。正月休みを使ってオーロラでも見に来たのだろうか。

夕刻、雪道を無料のシャトルバスに乗ってホテルへ向かった。バスの運転手が「今日はオーロラが見えるよ」と言う。空を見上げると確かに雲一つない。「街の中にいても見えるの?」とぼくが尋ねると、「ああ、見えるさ」と彼は言った。

十六時だというのにあたりは暗い。イエローナイフでさえ、朝十時に日の出、十五時には日没というような明るい時間が少ない一日なのだから、今回の旅の目的地である、さらに北のイヌビックへ行ったら、一日がどんなサイクルになっているのか少し心配だ。

イエローナイフの街には大きな目抜き通りがあり、その道路沿いにほとんどの店が軒を連ねている。ぼくが泊まったホテルはその道から一本入ったところにある比較的大きなホテルで、他に何人かの泊まり客もいた。

早めに街を散策して極北の感覚をつかもうと、部屋に荷物を置いてすぐにホテルを出た。道路沿いに建てられた電光掲示板の表示は「マイナス二五度」とある。帽子をかぶらないで外に出たら耳が引きちぎれそうになり、頭まで痛くなってきたので、すぐに部屋へ耳まで隠れる帽子をとりに帰った。

街でにぎやかなのは、やはりパブの周辺である。飲んだくれた人々らがたむろしている。イエローナイフにも、やはり酔っぱらいは多いようだ。

体育館のようなところに何やら人が集まっているので中に入ってみると、そこではビンゴ大会がはじまろうとしていた。中は巨大な食堂のようになっていて、座っているのはアジア系の顔立ちをした人々ばかりである。皆、先住民の人々だろう。若者よりは中年以上の男女が多い。受付付近にいた親切な女性によれば、カジノなどがないこの街で、賭け事といえばこのビンゴなのだそうだ。入場料三十五ドルを払えばビンゴに参加でき、当たると数万ドルの賞金が出る。

「あんたもやっていかないか」と言われたが、今日までビンゴに参加して勝ったためしがないため、丁重にお断りをして外に出た。それにしても、ビンゴというのは実力を伴うゲームなのだろうか。最初にもらった数字入りの紙によってすでに当たり外れは決定しているのではないのか。謎だ。宝くじみたいなものだとしたら、ぼくには熱中できないだろう。

夕食はホテルの近所にあった中華料理屋でとることにする。店内には数人の客がおり、繁盛していないわけではない。まずくなりようがないチャーハンセットを注文すると、二人前と見まがうほどの大盛りチャーハンが出てきた。やたらと甘い酢豚のような料理と、春巻きが一つ付いている。

客はあとからどんどんやってきて、しまいに店は満席となった。酔っぱらいの男が一人で店に入ってきて、中国人とおぼしき店員に盛んにからんでいる。「カンフー！」などと声をかけながらボクシングのような格好をするも、店員はそれを軽くいなし、酔っぱらいを追い出そうとしていた。「アスホール！」一言叫んで、酔っぱらいは再びマイナス二五度の路上に出て行った。暑い南国よりも、寒い極北のほうがたちの悪い酔っぱらいが多いのはゆゆしき現実である。

翌朝、イエローナイフを発ち、さらに北へ向かった。時は二〇〇七年十二月三十日。ぼくは年越しをイヌビックという極北の街で迎えることを望んでいた。

まずはノーマンウェルズという村へ行き、そこから飛行機を乗り継いでイヌビックを目指す。イエローナイフからノーマンウェルズへ向けて飛行機が離陸した直後、機体のどこかから破裂音が二回して、飛行機は再びイエローナイフ空港に戻った。応急措置をして飛びはじめたが、やはりノーマンウェルズで新しい飛行機が来るのを待ち、機体を取り替えてからイヌビックへ行くという。ぼくはノーマンウェルズという何もない村にしばらく缶詰めになった。深い雪に足をとられながら、村を歩いた。典型的な極北の田舎の村といった風情である。

ノーマンウェルズからようやく新しい飛行機が飛び立ったのは日暮れ間近だった。夜、暗闇の中、イヌビックに到着。比較的大きなマッケンジーホテルという宿にチェックインした。夕食は、イエローナイフで食べ残したチャーハンを部屋に備え付けられたレンジで温めることにした。いよいよ明日は大晦日だ。

二〇〇七年最後の日、目覚めると十一時を過ぎていた。日照時間が短い北極圏で寝坊とは何という失態、と思ったが、カーテンを開けると外はまだ暗かった。ほっとした直後、やはり暗澹たる気持ちになった。(もしかして昼がこないのでは……)。そうしたら写真の撮影もできないわけで、わざわざこんなところまでやってきた意味がなくなってしまう。

準備をしてとりあえず外に出てみると、西の空が真っ赤に染まっていた。暗いけれど、真っ暗闇ではないし、曇天の北陸みたいなものだと思えば、まだ望みはある。まずこの街で一番歴史が古い建物だという小学校を訪ね、そのあと有名なイグルー型の教会を撮影した。さらにマッケンジー川沿いの港に行き、最後に集合住宅や一軒家を撮影した。

イヌビックはマッケンジーデルタの東側の水路沿いにある。極北の森、タイガの中にあり、森林限界の少し下に位置している。住民は狩猟や漁業で生計をたてている人も若干いるが、大半は官公庁や運送業、建設業、石油会社、観光業に従事しているらしい。

遅い昼飯に、何料理でもそろっている巨大レストランで中華を頼もうとすると、中華料理はないと言われ、渋々ハンバーガーを注文した。十一ドル。当時のレートで千三百円くらいだろうか。ハンバーガーにしては高い。

新年を迎えて店が閉店することを見越して、スーパーマーケットで大量の食料を買い込むことにした。パン、レバー、バター、ジャム、クッキー、マフィン、牛乳、コーンフレーク、スープの素などを買い、ホテルの部屋に運び込んだ。

暗くなりかけた街をふらついていたら、新年を迎えるホームパーティーに誘ってくれる人が現れた。よっぽどぼくが暇そうに見えたのかもしれない。憐れむように声をかけてくれたおじさんに連れられ、マッケンジー川沿いのログハウスへお邪魔することになった。

外は氷点下四〇度近い寒さだというのに、家の前では盛大に火が焚かれ、人々が体を寄せ合っていた。焚き火の経験をもつ者なら誰でもあの火の揺らぎをじっと見続けたことがあるだろう。気体が燃えることを炎といい、物質が燃えることを火というならば、間違いなく人間は炎よりも火に反応する。

ぼんやりと火を眺めていたら、今度はその後ろで花火が打ち上がりはじめた。十二月三十一日二十三時五十五分から間断なく花火が寒空を明るくし、一年が終わろうとしていた。

「チアーズ！」

酒で酩酊、火に陶酔しながら、ぼくは遠い遠い極北の地で、見ず知らずの人々と新年を迎えることになった。花火と焚き火の長い夜を経て、いつのまにか二〇〇八年の元日になっていた。その日は何時にホテルに帰り着いたか、覚えていない。

大晦日に引き続き、元日も寝坊した。今回の寝坊はひどい。なぜなら、むくむくと起き出したのは午後だったからだ。とりあえず外に出て、パブへ向かった。パブくらいしか、開いている気配がなかったのだ。この街で特に何をするとか何をしないとか決めているわけではなかった。イヌビックで新年を迎え、写真を撮ること。それが今回の旅の目的である。事前に何をするか決めれば決めるほど、それに縛られて出会いが少なくなってしまう。ぼくの旅はいつも行き当たりばったりである。

パブの入口にはくわえタバコのイヌイット男性がたむろしており、決して明るい雰囲気ではなかった。男性も社交的な雰囲気はまったくなかった。西部劇に出てくるような古めかしいパブのドアをあけると、薄暗い空間にちらほらと人がいる。席とテーブルは多いが、客は少なく、ぼくは全体を見渡せる手前の席に腰掛けた。カウンターの奥にいるのはやはりイヌイットのバーテンで、彼にビールを注文し、自由に皿に盛っていい料理をありがたく頂戴することにした。料理といっても、アルミ皿の上に冷たくなったチャーハンと焼きそばが、あたかも食いかけのそれのようにみすぼらしく放置されているだけだった。チャーハンは腐りかけているのか、犬のにおいがした。それでも空腹に耐えかねてぼくはそれを口に運ぶ。うちの犬と同じにおいがしたチャーハンは、やはり腐っており、翌日ぼくは腹を壊して苦しむことになった。

パブにいたのはほとんどがイヌイットかグッチンインディアンで、つまり先住民たちである。彼らはパーカの上に革ジャンを羽織り、ごついソレル社製のスノーブーツを履いている。パーカにソレルの靴というスタイルは、極北でのユニフォームみたいなものだ。みな酒を飲みながら、くだを巻いていた。酔っぱらいが「ハッピーニューイヤー」と叫んで、ぼくのテーブルの前を歩き去っていく。

前のテーブルで一人ビールを飲んでいた老婆が、ぼくのほうを振り返って微笑んだ。こっちも微笑み返すと、ぼくのテーブルに近寄ってきて、椅子に座った。彼女は口がきけないらしく、カウンターからメモ帳とボールペンを借りてくると、筆談をはじめた。

自分の夫が飛行機事故で亡くなったこと。自分はサスカチュワンの学校を卒業して、ここイヌビックに戻ってきたこと。昔はエスキモーパーカを着て、観光客からよく写真を撮られたことなどをぼくに話してくれた。

いたたまれなくなって、ぼくはパブを出た。帰りにスーパーマーケットで食料をしこたま買い込んだ。腐ったチャーハンだけはもう食べたくない。

年が明けてから数日間、ぼくはイヌビックの街を歩きながら写真を撮りまくった。明るくなる十一時頃にホテルを出て、街の撮影へ向かうのが日課となった。十一時といっても、ようやく明るくなってきたばかりでまだ薄暗く、昼の十二時過ぎになってようやく分厚い雲に覆われた曇天のような雰囲気まで戻ってくる。こんな空の色で気分を明るくせよ、というほうが無理な話だ。極北の冬は陰鬱である。

集合住宅や一軒家を撮影し、丘の上から街の全景を撮影した。イヌビックは小さな街だが、家々はこぎれいで、ノーマンウェルズのような「北極圏の村」という感じではない。ただし、猛烈に寒い。それだけはどこにも負けていない。

イヌビックをまわり尽くすと、ぼくはさらにタクトヤクタックという小さな村へ向かうことを決めた。

朝、車を借りてタクトヤクタックへ走りはじめる。車で行くといっても道があるわけではない。凍ったマッケンジー川の上を走っていくのだ。だから、夏場はこのような行き方はできない。ちなみにこのタクトヤクタックは車で到達できる最北の街らしい。

マッケンジー川は非の打ち所がないほど完璧に凍り付いており、四五〇〇キロの重さの車両が乗っても耐えられるほどの強度だという。つまり、それはどんな車両でも川の上を走れるということだ。イヌビックの街の外れから凍った川に出て、律儀に右側通行を守りながらタクトヤクタックへ向けて一九四キロの道のりを行く。アクラビックという村へ向から分かれ道まで三〇キロ、そこから川沿いを一三〇キロ、そして最後に凍った北極海の沿岸を三〇キロ走ればタクトヤクタックに着くだろう。

しかし、氷の上を走るのは必要以上に緊張する。決して割れたりしないとわかっていても、もし薄氷を踏んでしまったらどうなるのかとか、亀裂の上を走って氷が裂けたりしないだろうかとか、いろいろ考えてしまう。そうした不安と同時に、道を間違えてしまわないだろうか、という心配もある。かすかなタイヤ跡の轍があるだけで、目印はないし、ましてやガードレールや道路標識があるわけでもない。川の上に建物があるわけないし、もちろん看板もないのはわかっている。皆に「一本道だから間違えることはない」などと言われたものの、マッケンジー川の下流は川幅がべらぼうに広く、雪原を走っているような錯覚に陥る。とにかく先人のかすかな轍を見逃さずにそれをたどって北進するのみだ。

雪が降り出すと途端に視界が悪くなり、数メートル先しか見えなくなった。そうすると川の上を行く車は雲の上を走っているかのようになる。時折、標識らしき反射板が置かれているポイントもあるのだが、その置き方も乱暴で、単なる置き忘れに見えなくもない。しかし、そんなものでも人工物があるだけで少しはほっとさせられる。

川岸には地面が盛り上がってできた丘と針葉樹のうっすらとした森しかない。森といえるほど密ではなく、それがまた寂しさと不安を誘う。

やがて河口を抜けて北極海に出ると風景はよりいっそう寒々しく、そして一抹の恐ろしさをたたえるようになった。果たしてこれは村に続いている道なのか、天国へ向かう道ではないのか……。さまざまな不安が頭をもたげて、緊張する。北極海は見える範囲すべて凍っており、歩いてどこまででも行けそうだったけれど、どんな具体的な場所に続いているようにも思えなかった。灰色の空と濃緑の海は、この世の果てそのものだった。

五時間の恐怖のドライブを経て、ようやく村の明かりが見えた。植村直己さんが犬ゾリで北極圏を一周したときもこのような風景を遠くに見たに違いない。植村さんはタクトヤクタックに犬ゾリで立ち寄っているはずだ。この明かりを見たときに、どんなにほっとしたことだろう。ぼくには村の明かりがなんとも嬉しく感じられ、生き返った気がした。

タクトヤクタックの広さは、イヌビックの十分の一程度しかないかもしれない。街というよりはあきらかに村といったほうがふさわしく、こぎれいではない木訥とした家が点在している。家々には明かりが灯っている。カーテンがなく、室内は丸見えだ。年明けの暇な午後、人々はそれぞれの家で団欒を楽しんでいた。

村の中の道は雪が積もっており、少しでもタイヤの跡を踏み外すと、車がスタックしてしまう。慣れないぼくは何度か車をスタックさせてしまい、そのたびに近くにいた村人が何人も近寄ってきてくれて、車を元の道に戻すのを手伝ってくれた。

グルーバンズキャンプという宿舎が町の外れにあり、今夜はそこに泊まることにした。グルーバンズキャンプは大きすぎるほど大きい寄宿舎のような建物で、朝食も夕食も一回で三十五ドルもとられる。しかし、その代わりに宿泊費は請求されないというユニークなシステムである。ただ、ぼくにとってはユニークに感じられるが、もしかしたらこのあたりの常識的なシステムなのかもしれない。とにかく、グルーバンズキャンプは至極快適な宿だった。シャワーの水量は一泊二百ドルのホテルよりも強かったし、部屋も広い。自炊できるキッチンもついている。

夕食はバイキング形式で好きなだけ食べられた。冬はやることがないが、いつか夏にマッケンジー川をカヌーで下って、最後に海に出る直前にタクトヤクタックでここに泊まれたら最高の旅になると思う。そんな旅をするのがぼくの夢である。

グルーバンズキャンプの大きなベッドの上で朝九時半に目覚めたものの、まだあたりは真っ暗だった。思わず二度寝をして、十時半に起き、ヨーグルトとコーンフレークの朝食を食べた。

グルーバンズキャンプは、エディー・グルーバンという男がはじめたもので、その息子ロジャー・グルーバンがたまたま受付にいたので、挨拶をして宿を出ることにした。タクトヤクタックの風景を撮影した後、今日はまたあの恐怖の川道を通ってイヌビックに帰り着かなければいけない。

タクトヤクタックで万全を期すために給油をしたが、ガソリンの値段がイヌビックよりも高かった。辺境の移動はセスナにしろ車にしろボートにしろ、燃料代が高くつく。

帰りはとにかく周囲の風景を確かめ、行きの道を思い出しつつ、凍った川のアイスロードをゆっくり走った。雪がどんどん強くなり、吹雪のようになったので、それをストロボを使って撮影したりもした。吹雪を撮るくらいしか撮るものがなくなっていたと言ったほうがいいかもしれない。なにせ川岸の光景は延々と変わらないのだから。

岸辺に泊まっている大きな貨物船が凍った川の途上でかしいでいる。北極圏の真冬の川面は見たことのない幻想的な風景を作り出していた。イヌビックへ帰り着いたのは、案の定、夜になってからである。生還を喜んでパブでビールでも飲もうかと思ったが、やめることにした。気温はマイナス三五度にまで下がっていた。

二〇〇七年から二〇〇八年にかけての年末年始、ぼくは確かにマッケンジーデルタにいた。真冬のイヌビックとタクトヤクタックを訪ね、凍ったマッケンジー川を車で走った。極夜の闇を実感し、腐ったチャーハンで腹を壊し、極寒の大気に肌をさらした。川の上に打ち上がる冬の美しい花火が、新年のはじまりを告げた。しかし、今振り返れば、あれらの日々は本当に現実にあったことなのか、と思う。あまりにも自分が知っている世界とかけ離れすぎていたからだ。ある日の夏、まったく異なる河口の現実をこの目で見たい。マッケンジー川をカヌーで下り、あの退屈な川岸の風景をもう一度確かめたい。

イヌビックの古びたパブで次にまた安いビールを飲むときがくるとしたら、それは白夜の夏だろう。そして、そのときぼくは燦々と輝く極北の光をよりいっそう愛おしく感じられるに違いない。

DENALI
FOR THE SECOND TIME

二度目のデナリ

一九九八年、二十歳のときにはじめてデナリに登って以後十年間、ぼくは毎年のように極北へ通い続けた。そして、二〇〇八年の元日をカナダ北極圏の街、イヌビックで迎えたのを最後に、北の地から遠ざかっていった。

二〇〇八年、三十歳になってからは、大学院の研究テーマでもあった環太平洋の島々の連なりを追い求め、北方から南方地域へと目を転じるようになった。鹿児島の島々を皮切りに南へ南へと移動し、二〇〇九年には沖縄から台湾へ、翌二〇一〇年は丸一年を費やして「ポリネシアン・トライアングル」と呼ばれる太平洋上の広大な地域に散らばった島々へ、行ける限り旅していった。

そして二〇一一年には南極を再訪し、再び極地に足を踏み入れる。といっても、極北へ戻るのではなく、今度はヒマラヤ登山を再開し、五月に二度目となるエベレスト登頂を果たした。その後、二〇一二年にマナスル、一三年にローツェ、一四年にマカルーに登頂し、次々と八〇〇〇メートル峰に登るようになっていく(これらの登山では、二十代の多くを捧げてきた極北での経験が強く役立った)。

二〇一五年、近年のヒマラヤ登山の集大成として世界第二位の標高を誇るK2に向かったのだが登頂できずに撤退することになる。ぼくはここでようやくヒマラヤに一区切りをつけようと思った。

二〇一六年、気分を一新すべく、原点となるアラスカに戻り、自分自身をもう一度見つめ直そうと考えた。ただ、漠然とアラスカを再訪するのではなく、全身でアラスカを享受できる山、デナリに行きたい。しかも、できれば一人で行くのがいい。植村直己さんに憧れて登った最初の高所登山は這《ほ》う這《ほ》うの体だったが、今ならば多少の経験も積んでいる。一人でも登れるんじゃないか。そう思うと、気持ちより先に体が動きだした。

そして、二〇一六年五月を迎えることになる。

出発直前まで家で慌てふためいていた。遠征前はいつもこうなのだが、いつにも増してギリギリまで準備が終わらなかった。すでに遠征に向けた装備リストはできているからそれに従ってパッキングしていけばいいのだが、ヒマラヤ遠征とデナリへの遠征とでは装備が少々異なるので、自宅の居間に道具や服などを並べて、パズルを解くように整理していかなければならない。

ヒマラヤでは、テントやコンロ、鍋や食料などは団体装備として、あらかじめベースキャンプに持ち込まれている。しかし、デナリにそうしたシステムはなく、必要なものは基本的にすべて自分で持って行くことになる。こちらから持って行かなくていいのは、ソリとガソリンくらいだろうか。

また、荷物を運んでくれるヤクやポーターもいないので、余分に何かを持って行くということもできない。重量は苦しさとなってすべて自分に降りかかる。登山期間中は紙の本はもちろん、キンドルやパソコンも持って行かないし、シャンプーや石鹸も不要だろう。そういうことを考えながらパッキングしているうちに、時間だけがいたずらに過ぎていく。

食料は現地で買えるけれど、ある程度は日本から持ち込む必要がある。二〇一一年から毎年ヒマラヤ遠征に出かけていたので、その都度食料などを買い込み、毎回少しずつ余る。それを家の食料箱に入れてあるのだが、よく見ると賞味期限が大幅に切れているものもたくさんあった。中には溶けてどろどろになった飴や、粉末なのにかちこちに固まっているスープ類などもあって、げんなりした。ぼくは賞味期限が切れてから一年半以内なら食べるというルールを自分に課し、二〇一五年以降の賞味期限のものをピックアップしてダッフルバッグに詰めていった。ようやく荷物を詰め終わったものの、何か忘れ物をしているような気がしてならない。しかし、そんなことを悠長に考えている時間はなかった。定年で会社を引退している父が、成田空港まで車で送ってくれるというので、大きなダッフルバッグ二個を急いで車のトランクに詰め込んだ。

父は会社を辞めてから何もすることがなくなり、家でテレビを見たり、犬の散歩などに行って一日を過ごしている。ぼくが空港に行くとき、最近はいつも車で送ってくれるようになった。

国際線は出発時刻の二時間前に空港に着くのが普通だと思うのだが、そんなこんなで家を出るのが遅れて、空港に着いたのは出発時刻の一時間前だった。ほとんどの人がチェックインを済ませているためか、カウンターはガラガラだった。

コンチネンタル航空でシカゴを経由し、アラスカのアンカレジへ向かう。実に十九時間ものフライトで、乗り継ぎを入れたら一日がかりだ。飛行中はいつも機内で映画を見ているのだが、今回は書かなければならない原稿が終わらず、パソコンを開いて仕事をし、うたた寝してまたパソコンと向かい合うということを繰り返していた。

アンカレジに到着したのは二〇一六年五月二十六日の二十一時をまわっていた。重い荷物を持ってバスでダウンタウンまで行くのは億劫になり、空港からタクシーでホテルへと向かった。

ホテルに到着したのは二十二時を過ぎていたが、あたりはまだ昼間のように明るい。この時期、アラスカは夏の白夜が続く。深夜になっても日暮れ時のような状態で、闇は訪れない。体内時計はすでに狂いはじめていた。

ホテルの部屋の中で新調したテントを組み立ててみた。通常のキャンプでは、ぼくは二〜三人用のテントを使っている。ゆったりできる割に、そんなに重くないからだ。しかし、今回のデナリは一人で登るため、さらに重量を軽くする必要があり、ゴアテックス生地を使った一〜二人用のテントを新しく購入した。二本のポールを交差させるタイプで、目をつぶってでも立てられる。ちょうどシングルベッドくらいの大きさで軽い。これなら負担にならないだろう。他の道具に関してもあらためてベッドの上にすべてを並べて再チェックした。

夜中の三時頃、装備の点検を終えた。アンカレジでそろえなければいけないものはほとんどなかったが、飲料水を作るための雪を収納するズタ袋だけ、明日買おうと思った。キャンプ地では鍋に雪を入れて、ストーブで水を作るわけだが、そのときに雪をためる袋が必要なのだ。街のアウトドアショップで買えるだろうか、そんなことを思いながら、再び窓の外を見た。まだ明るい。日本との時差は十七時間あり、アンカレジの夜中の三時は、日本の夜八時だ。朦朧とする頭でベッドに横たわった。白夜の夕暮れの向こうに、目指すデナリがある。

いよいよ、たった一人の登山がはじまる。

二〇一六年五月二十八日、アラスカ鉄道に乗って、州都アンカレジから遠征の出発点となるタルキートナへ向かった。アンカレジ駅はホテルのすぐ目の前にあったが、大きなダッフルバッグ二つとザック一つを一人で持つことは不可能で、やむなくタクシーに来てもらった。

駅に着いて、駅舎の外でまず大きな荷物を預かってもらう。そして駅舎の中に入って、あらかじめ予約していた切符を受け取った。

席は「アドベンチャークラス」という一番安い席だが、一応指定席になっている。車両は歩いて移動することができ、食堂車は窓が大きくて眺めもいい。連結部分はオープンエアになっていて気持ちいいし、さらに先の車両の二階に上がると特別席があって、そこも風を受けられるデッキスペースになっている。

列車から目指すデナリが見えたときは、他の乗客同様、ぼくも高揚した。（あの山に再び登るんだ）と思うと、昂《たかぶ》りを抑えられない。写真を撮る観光客にまじって、ぼくもシャッターを切った。

タルキートナ駅には、自分が泊まるロッジのシャトルバスが来ていた。ロッジは丘の上に建っていて、部屋からフォーレイカー、ハンター、デナリというアラスカンジャイアンツ三峰がきれいに見える。

ホテルで自転車を借りてダウンタウンまで行ってみる。ダウンタウンといっても規模は極めて小さい。こざっぱりしていて、レストランやホテルなどが軒を連ねているだけである。

翌五月二十九日、ダウンタウンの一角にある、タルキートナ博物館を訪ねた。デナリに消えた冒険家、植村直己さんの写真も飾ってある。ぼくがこうして極北の地に通うようになった原点には、野田さんや星野さんの著作とともに、植村直己さんの『青春を山に賭けて』という古びた文庫本もある。あの本だけは、今も家に大切に保管してある。植村さんの笑顔の写真を見るたびに、もし彼が生きていたらどんな未知の風景をぼくたちに見せてくれたのだろうと思ってしまう。

このタルキートナでやることと言えば、穏やかな空気を存分に吸い、メシをたらふく食べ、よく眠り、英気を養うことだけだ。ぼくは時間を持て余し、街のはずれにあるタルキートナ川の岸辺を散歩した。そこにも森の径があって、老若男女が思い思いに時間を過ごしていた。本を読む者、恋人と寄り添う若者、石を投げて遊ぶ子どもたち、ピクニックを楽しむ家族連れ……、このような場所が街に隣接しているのがうらやましい限りだ。明後日には、氷河に降り立つことになるだろう。ぼくは遠くにデナリを望みながら、どんな遠征になるのか、不安と喜びがないまぜになった心のざわめきを治めようと、川の流れをひたすら眺めていた。

タルキートナの街での任務は、あと一つ。レンジャー・ステーションへ行って登山前のブリーフィングを受けることだった。

十八年ぶりに訪ねたレンジャー・ステーションは美しいロッジ風の建物になっていて、書籍やさまざまなデータ類もそこで見ることができる。写真を使って登山における注意事項を含む短いレクチャーを受け、ようやく事前の準備は完了した。

五月三十日、タルキートナの小さな飛行場から小さなセスナに乗って、デナリ登山をはじめるカヒルトナ氷河に向かった。セスナは相乗りで、七名と大量の荷物を乗せて飛び立ち、森の上空から徐々に白い山々の上空へ入っていった。十八年前はこれよりも小さな飛行機だったために、何回もピストンしなければ人と荷物を運ぶことができなかったのだが、今は飛行機も多少大きくなっていた。

下には氷河が見える。この氷河がいつしか川になり、ユーコン川などの大河を形成していく。白い山々の中にひときわ大きな山容があった。デナリである。とてつもなく大きく感じられた。

カヒルトナ氷河上のランディングポイントに着陸したのは十八時頃だったろうか。いきなり歩きはじめてもいいのだが、慌てても仕方ない。雪面を整地し、一人用のテントを張った。ここに一時的に置いていく荷物を埋めるための穴を掘り、竹竿にテープを結び付けて目印の棒を作った。食事をし、荷物の整理をしているうちに、いつのまにか二十二時をまわっていた。緯度はさらに高くなり、太陽は昼間のようにまだ燦々と氷河を照らしていた。時間の感覚が完全になくなってきたが、時計を見て夜であることを確認し、ぼくは明日からの長い雪上移動に備えて、テントの中で寝袋にくるまった。

五月三十一日、氷河の上で腰にハーネスを装着し、ロープを使ってハーネスとソリを繋いだ。二十歳の頃は、このソリがあっちこっちに振られて苦労したが、今回の道行きは大丈夫だろうか。十八年前のデナリ登山と唯一異なるのは、足元がスキーではなくスノーシューになったことだ。これで少しは歩きやすくなるだろう。

雪上でソリを引きはじめると、案外しっくりきた。もっとロープの長さなどの微調整が必要なものかと思ったが、腰で荷物を引く感触は悪くない。

十四時にキャンプ地を出発し、最初は緩斜面を三〇〇メートルほど下る。その後はひたすら雪上を歩き続けるのみだった。今日の目的地であるキャンプ地の直前にあった斜面がきつかったものの、特に難所はなかった。久々のソリに手こずることもなく、スタートから四時間半ほど歩いた十八時過ぎには、キャンプ１に到着することができた。

キャンプ1に泊まっている人たちは多くない。みんなこのあたりの標高における移動は、氷河の照り返しと暑さを回避するために、夜に行っているようだ。夜は、日差しが強くないのと、氷がしまっているので、きっと歩きやすいのだろう。アメリカ人が好みそうなやり方だが、ぼくは暑さが苦にならないので作戦変更はせず、このまま昼間に突き進むことにしよう。

まわりの風景が山と氷河だけになり、セスナの離発着による人工音も消えて、いよいよ風景が変わった。アラスカは美しい。久々に北の地で登山できることがぼくは率直に嬉しかった。そんなことを思いながら、テントを立てていると、雪が降ってきた。雪の中、水作り用の雪をかき集め、何リットルもの水を作った。

夕食はチーズやビスケットを中心にしたために、とにかく喉が渇く。少しでも水分がありそうな干しアンズや一口ゼリーをむさぼるようにして食べた。そして粉末で作ったスポーツ飲料を飲みほすと、少しは体が落ち着いてきた。

二十二時過ぎにすべてを終えて、横になる。湯たんぽ代わりの水筒を三つ持って寝袋に潜り込むと、昼間の疲れから解放されて本当に幸せを感じた。あのとてつもなく重いソリを引いて息切れしていた時間はいったい何だったのだろう、と思う。

うとうとしては目が覚めるのを繰り返す。深夜三時頃から目が覚めていよいよ眠れなくなり、その後は居眠り状態で何度か目が覚めた。ついに覚醒して体を起こすことができたのは、午前十時頃である。時差ボケと白夜による太陽の光に照らされ続け、体がおかしくなってしまった。

のろのろとコンロで湯を沸かし、アルファ米をお湯でもどし、鰯の蒲焼きの缶詰をあけて食べた。簡単な朝食を終え、テントを片づけて、黄色のダッフルバッグの中に荷物をパッキングしていく。重心を極力下げるよう、重い荷物を下方に配置し、ソリにダッフルバッグを結び付けると、今日もまた出発だ。

太陽が真上にある時間帯に出発する者など誰もいなかった。氷河上とはいえ、太陽光によって暑すぎるくらい暑くなる。でもいい。少々気後れしたが、単独でこの山にやってきた自分は、いつ出発しようが、いつ休もうが、ひたすら自由なのである。

昨日と同じように雪上を歩きはじめると、雪がちらつきはじめた。途中、少しばかり休憩しているあいだ、ぼくの黒いフリースの上に雪の結晶が落ちた。気温が低いので、雪が結晶のまま落ちてくる。それをじっと見ていると、ゆっくりと溶けていった。雪の結晶はどれも形が異なり、美しかった。一粒の結晶が体に落ちて、体温で消えてなくなっていくさまをぼくは飽きもせずに眺めていた。

一人で進むデナリ登山は、自分との闘いである。自由であるがゆえに、あきらめるのも簡単だ。雪上を一歩一歩進み、毎日テントを張り、食事を作って食べ、明日に備える。吹雪になれば停滞し、好天が見込めれば動く。時間を自ら管理し、進むも退くもすべての判断は自分が行う。失敗を人のせいにできず、七難八苦はすべて自分に降りかかってくる。

最初の大斜面、その次の二つの小斜面を登り切ると、広い台地に出る。そこも緩やかな斜面になってはいるが、それ以前の斜面に比べたら楽だ。が、ひたすらまっすぐな雪上を行くので、根気がいる。

結局十三時にキャンプ1を出て、途中で写真を撮ったりしながら十九時半頃にキャンプ2に到着した。六時間半もかかってしまったことになる。

キャンプ2は中間キャンプと呼ばれていて、外国人の多くはここを飛ばして、キャンプ1からキャンプ3へ直接入ってしまうようだ。キャンプ2は、斜面手前の二九〇〇メートル地点と、斜面を過ぎた三〇〇〇メートル地点に二ヶ所あってどちらに泊まってもいいのだが、二九〇〇メートルにはデポの跡があるだけで、誰もいなかったので、先に進んだ。

三〇〇〇メートルのキャンプに着いたのだが、ここも泊まっていたのは一グループだけだった。進行方向左手には雪の丘が延びていて、斜面上に亀裂が見え隠れしており、雪崩の跡らしきものも見える。どうやら雪崩の危険性がありそうなので、みんなここで泊まらず、無理してキャンプ3まで上がっていったと思われる。

たった一組だけ泊まっていたチームも、ルートを隔てて雪の丘からだいぶ右側に入ったところにテントを立てていた。あきらかに雪崩を恐れてのことだろう。丘側にはデポの跡があったり、スノーブロックで壁が作られていたりと、誰かが泊まった跡があった。ぼくは雪崩のことを気にしつつ、スノーブロックでできた囲いの中にテントを張らせてもらった。

テントを立てていると、雪が少々強くなってきた。ヒマラヤならば、テント設営はシェルパたちの仕事だが、ここはデナリだ。テントを張り、水作り用の雪を集め、荷物を整えてソリをかぶせて雪が積もってもいいように工夫し、そして最後にテント内を整備しないといけない。

一息ついたら、今度は水作りに入る。二十時過ぎ、ガソリンストーブに着火して鍋に雪を入れ、水を作っていく。とにかく喉が渇いていたので、まずはアクエリアス一リットルを作る。その次に、ポカリスエットとしょうが湯の混合ジュース五〇〇ミリリットルを作る。そして最後に、味のないただの水を一リットル作った。合計二・五リットルはすべてナルジンボトル（日本ではナルゲンボトルと呼ばれることも多いが英語の発音はナルジーンボトルである）に入れており、湯たんぽとして寝袋の中にぶち込んだ。これで夜中、暖かいだろう。

ぼくはテルモスと呼ばれる魔法瓶をほとんど使わない。昨今の魔法瓶は性能が良すぎて、熱湯を入れていくといつまで経っても熱すぎて飲めない。だから、行動中は熱湯を入れたナルジンを胸ポケットに入れてカイロ代わりにして、徐々にぬるくなってきたところで飲みながら登る。ヒマラヤでもアラスカでも、ぼくはテルモスを使わずに進んだ。

チーズ、こんぶ、クッキー、柿ピーなどを食べたが、とにかく喉が渇いていたので、ほんのわずかでも水気がある干しアンズと小さな一口ゼリーをむさぼるように食べた。そしてアクエリアスを飲むと、とりあえず体が落ち着いてきた。

標高がそんなに高くないときの移動は、昼間暑くて喉が渇く。まだ一リットルだけはタルキートナで入れてきた新鮮な水が残っていて、もう七〇〇ミリリットルはキャンプ1で作った水で、ゴミが浮いている。ナルジンの容器から透けて見える水にゴミが浮いていると、なえる。ダウンの羽毛やわけのわからない細かな粒ごとおいしく飲めるほど、ぼくは無頓着ではないのである。だから、ゴミの浮いた水もちびちび飲みつつ、新鮮な水をゴクゴク飲むというスタイルでキャンプ2までやってきたわけだが、最後は新鮮な水もなくなった。ゴミ入りの水は極力飲みたくなかったので、喉の渇きが増していった。ゴミの入っていない水が蛇口から出る世界は、本当に素晴らしいと思う。

六月二日、キャンプ2で停滞せざるをえない。昨夜から雪が降り続き、午前十一時になっても、まだ降っている。こんなに降るとは思わなかった。テントの入口は半分以上が雪で埋まり、テントの四方もみるみるうちに雪の影が高くなっていった。雪かきをしなければいけないが、まだ大丈夫だろうという思いから、テントの外に出ていない。

都こんぶ、チョコレート、チーズ、グミ、魚肉ソーセージなどを食べて朝食とする。昨日作っておいたアクエリアスがあるので、それをちびちびと飲んでいる。

この遠征のために新調した一～二人用のテントはせまい。真ん中にマットと寝袋を敷いて、左右両側に食料やコンロ、鍋などを置くともう足の踏み場もない。頭からフケが出る。これはいかんともしがたい。髪が洗えない以上、対策のとりようがない。

昨日まではぼくのテントのそばをたくさんの登山者が行ったり来たりしていたが、今日は降雪のため、誰も通らない。みんな停滞しているのだろう。

昼頃、雪かきをした。テントがつぶれそうになるくらい雪に覆われている。また、腹筋を三十回した。本当にやることがない。キンドルも何もなく、やれることは瞑想くらいだ。

今日はコンロを使わなかった。チョコレートやチーズを食べる。大人のソフトふりかけ鶏そぼろ、というのをナッツと一緒に食べた。ふりかけはご飯と一緒に食べなくても案外美味いということがわかった。

六月三日、今日もキャンプ2で停滞する。見る見るうちに雪が積もっていった。午前十時過ぎにテントの外に出て、雪かきをした。風はそんなに強くないが、完全にホワイトアウト状態だ。テントの四方にたまった雪を、風向きに合わせて放っていく。風下に放らないと、テントのまわりに壁を作るだけだからだ。ある程度、雪かきを終えると次は水作り用の雪をかき集めた。降ったばかりの雪なので、ゴミは多くないだろう。

雪かきをして体が暖まった。テントの中でしばらくぼんやりしてからガソリンストーブを出して水と昼食を作ることにした。普段だったらテントの前室の中でストーブを使うのだが、新調したテントには前室と呼べるスペースがほぼなく、少々使いづらい。特に雪が降っているときは前室がないとかなりきつい。

降り続く雪の中、テントの外にストーブをセッティングし、まずは水作りを開始する。その次にアルファ米とカレーを作る。雪の中での作業は大変だ……。

六月四日、天気が悪かったので、今日も停滞か、とあきらめていた。昼前に外で撮影していると、遠くから「ナオキー！」と呼ぶ声がする。こんなところで誰かと思ったら、アレックだった。アレックは前年に世界第二位の高峰K２に一緒に登った仲間だった。まさかこんなところで知り合いに出会うとは……。日本の街角でも知り合いに会うなんて滅多にないのに、デナリのキャンプ２で偶然知り合いとすれ違うなんて奇跡ではないか。アレックは上から下ってきていて、登頂をあきらめたそうだ。天気が悪く、時間がなさ過ぎた、と。

アレックを見送ってから、ぼくも一念発起してテントをたたみ、十三時十五分に出発した。ホワイトアウトの中を進む。十六時にキャンプ３に到着。ソリが重すぎて腰を痛めた。二十二歳のときの「Pole to Pole」の旅のはじまりと終わり、北極と南極でひたすらソリを引いた毎日を思い出す。

六月五日、夜、キャンプ３に雪が降り続き、また積もってしまった。朝、テントから這い出て散歩に出てみたが先行者の足跡も雪で見えなくなり、誰も動いていなかった。

テントの中で朝ご飯を食べた。朝ご飯といっても米を食べたわけではなく、カロリーメイトとチーズとチョコレートなどを食べたのみである。

しばらくテントの中でぼんやりしていると十時過ぎだろうか、外が騒がしいので、テントの小窓から見える前の斜面、通称「モーターサイクルヒル」をのぞいてみたところ、六〜七人の登山者が斜面にとり付いている。

天気が良くなってきたので、自分も行くぞ、とすぐに荷物整理をした。今日は次のキャンプ4に荷揚げをしてまた戻ってくるので、キャンプ3にソリを置いていく。十一時三十分に出発した。

やっぱり多少重かろうがソリよりもザックの方がよい。キャンプ4（通称メディカルキャンプ）に到着したのは十六時三十分だった。五時間の移動。荷物をデポして、飛ぶようにキャンプ3に帰った。キャンプ4からキャンプ3への帰り道は、わずか一時間ほどしかかからなかった。往復六時間の荷揚げの旅であった。

夕食は、キットカットと柿ピーとチーズと黒飴を食べた。

ずっと雪が降っている。

六月六日、十三時に標高三三五〇メートルのキャンプ3を出発して、キャンプ4に向かう。白夜だと、いつまでも明るいので時間の感覚が狂って寝付きは悪くなるが、一日中いつでも行動できるのが利点だ。太陽の光が強くなる午前十時頃になるとテント内もだいぶ暖かくなり、それからのそのそと朝食をとって、テントを撤収する。アイゼンなどを身に付け、ようやく出発できる頃には十三時になっていた。普段の登山だったら考えられない時間だが、デナリはこれが許されるので、ズボラな性格の自分には向いている。

キャンプ3にソリとスノーシューを置いていく。もちろんただ置き去りにするのではなく、帰り道でもう一度使うので、ショベルで穴を掘って埋めていくのだ。ここから先は、急な斜面も出てくるので、ピッケルを持ち、アイゼンを装着して、いつもの雪山登山のスタイルとなる。

今までソリとザックの二つに分けて運んでいた荷物をザック一つに入れなくてはならないため、ザックはふくらみ、肩に重みが食い込みすぎて不安になった。でも、行くしかない。これでも本当に最小限の装備しか持っていないのだ。

キャンプ3を出るとすぐに「モーターサイクルヒル」と呼ばれる長い斜面がある。ここは数年前に大きな雪崩があって日本人の登山者も亡くなっている。斜面のやや左寄りを一直線に登るのが安全、と聞いていたので、それに従って直登した。フランス人のパーティーはジグを切って登っていて、(彼らが雪崩を引き起こしたら困るな……)と思いつつ、自分は自分でまっすぐに歩を進めていった。斜面を登り切ってコルで一息つくと、再び右上する斜面があり、こちらは地面が凍っていてさっきよりも念入りにステップを踏んだ。

上から一人の男性登山者が下りてきた。どうやら日本人のようだったので、「こんにちは」と声をかけてみると、彼も「こんにちは」と言った。やはり日本人だった。彼は強風のためキャンプ4の上部にあるコルまで行って撤退してきたところだった。もっと粘ればいいのに、と思ったが「食料を食べ過ぎちゃって、もう食うものがないんですよ」と言って笑った。急斜面での一期一会だったが、このような短時間の会話だけでも、なぜか少しだけ元気になる。

その後、プラトーを横断して、有名なウィンディーコーナーに入った。このあたりから何度も立ち止まって写真を撮った。気持ちが一人昂っていき、嬉しさや楽しさがこみ上げてくる。登山をしていると、時々このような高揚状態になるのだが、理由はわからない。とにかくぼくは、自分がいまデナリに登っていることが嬉しくて仕方なかった。

こういう瞬間があるから登山をやめられない。


六月七日、ランディングポイントを出発してから九日間が経過し、キャンプ4（標高四三三〇メートル）で、ぼくは朝を迎えた。早朝に目覚めたものの、あまりにも寒くて寝袋から出られない。

この時期のアラスカは白夜で日が沈まないとはいえ、キャンプ4では夜になると山が光をさえぎって日陰を作る。寝袋やテントの表面に霜が降り、寝返りをうつたびに冷たい氷の結晶が顔に落ちてきて熟睡できなかった。

十時頃、太陽の光を浴びたテント内が暖かくなり、ようやく起き上がる。昨日まで休みなく移動し続けてきたので、今日は久々の休養日にあてることにしていた。

レンジャーが常駐するキャンプの前には、天気予報を記したボードが掲示される。あてにしているわけではないが、行動の目安にはなる。天気を確かめつつ、小さなテント村を歩きまわった。十八年前はこのキャンプ地のはずれに絶景を見渡す共同トイレがあって印象に残っていたのだが、今はなくなっていた。現在では、トイレは簡易トイレを使って個人で済まし、専用の袋にたまった大便はクレバスに捨てることになっている。

キャンプ4にいると、下山する外国人から「余った食料をもらわないか」と声をかけられる。ソリの上に食料を並べて行商のようにやってきた彼は「なんでも好きなものを選んでくれ」と言った。ぼくは食べかけのラズベリージャムをもらうことにした。果物が食べたかったのだが、そんなものをここまで持ち運んでいる人などいない。ぼくはテント内で果物を食べているつもりで、ジャムをちびちび舐めて過ごした。

ここから上はルートの名前にもなっている「ウエストバットレス」の斜面がそびえ立ち、核心部に入っていく。甘いジャムを舐める余裕があるのもここまでだ。わずかな日差しに照らされてテントを柔らかな暖かさが包み込む。舌に広がるジャムの甘みと相まってサミットプッシュ直前の緊張をほぐしてくれる。

いよいよ明日、最終キャンプへ向かって発つことになる。二度目の頂はもうすぐそこだ。昼はナッツ類などを食べて過ごし、夕食はカレーおじや的なものを食べた。

六月八日、最終のハイキャンプに向けて、各隊が続々とウエストバットレスの斜面へと向かっていく。テントをたたんで、自分も上に向かうことにした。幸い天気も明日はよさそうだ。前日、モンゴル人の単独行者が隣にテントを張って知り合いになったのだが、彼は上に行くか考えあぐねている様子だった。

ぼくが斜面にとり付く頃、雲が出てきて、いつのまにかホワイトアウトになった。後ろから来たパーティーに抜かされてしまい、フィックスロープの起点らしき場所に着いたのだが、フィックスは雪に埋もれて見えない。

先行のパーティーは二隊ともここで引き返すという。ぼくもここに穴を掘って荷物をデポし、引き返すことに決めた。デポするのはハイキャンプで食べるための食料、桃の缶詰やゼリー飲料などとフィルムカメラ。フィルムも一緒にデポすればよかったが、そこまで頭がまわらず、カメラだけをデポした。

つい何十分か前に先行隊が下ったばかりなのに、トレースが見えなくなるほどの吹雪になってしまった。やれやれ。

キャンプ4に帰着する頃には雪がやみ、晴れ間すら見えてきたからデナリの天気は本当に気まぐれだ。

六月九日、今日は晴れたので、昨日にも増して続々とウエストバットレスに多くの人がとり付いている。昨日今日という連続行動をして行くべきか迷っていたのだが、ぼくも上がることに決め、またもテントをたたみ、出発の準備をした。

十四時十五分、キャンプ4を出発。フィックスロープの起点でデポを掘り起こし、ザックに詰め込んだ。パンパンにふくれたザックを背負って上部斜面を登る。前にいたスペイン語を話す外国人二人が遅すぎて、途中で抜かさせてもらった。

コルに出ると別世界だった。今までは四方を雪で囲まれていたのに、ここから先は左右が切れ落ちたリッジを行かねばならない。荒涼としていた。この先、固定ロープなしで自分は進んでいけるのか少々不安になったが、ここまで来たら行くしかない。意を決して登りはじめる。

登っている分にはいいのだが、これを後に下ると思うと不安が増す。ロープなしで安全に下れるのか。そのことばかりが頭によぎりつつ、進んでいった。古いフィックスロープを頼りに登る場所も出てきた。こんなことならエイト環を持ってくれればよかった。そうすれば懸垂下降できるのだが。ぼくの頭の中を占有していたのは、帰り道の下りのことばかりだった。

先行する三人のアメリカ隊に追いついた。一番後ろのおじさんはかなり弱っていて、意味不明なことを英語で呟いている。大丈夫だろうか。

三人についていったが、あまりにも遅いので、途中で抜かした。リッジをそろりそろりと進み、右に曲がったところで視界が開けた。最終キャンプを作るデナリパス手前の広い場所に出たのだった。

ぼくは雲の中から顔を出すフォーレイカーの写真を撮った。その先に、レンジャーキャンプがあって、ちょうど一人のレンジャーが外に出てきたので天気のことを尋ねると、メディカルキャンプのホワイトボードにあったのと同じ情報を繰り返すだけだった。

その先にいくつかの隊がテントを張っている。雪のブロックを積んだ格好のテントサイトはすでに占有されていて、全壊したパルテノン神殿の残りかすみたいなところがあったので、そこにテントを張ることに決めた。

雪面を踏み、平らにしていくが、柔らかくて踏み固まらない。仕方なくショベルで掘って平らにしていく。あたりに散らばった氷のブロックを拾い上げ、気休め程度の壁を作った。風はあるが、天気は決して悪くない。

外国人がぼくのほうを見てなにやら話している。「わけのわからない日本人がソロできてるよ、大丈夫か」などと噂をしているのだろうか。彼らのほうを向いて微笑みかけると、にんまりした顔を返してくれた。

テントを張り、中に入ってテント内を整理して、お湯を沸かす準備をした。前室がないぼくのテントでは、外気に剝き出しの状態でガソリンストーブを使わなくてはいけない。いつもなら足跡のないきれいな雪面に行って雪袋に雪を詰めるところだが、雪袋を忘れてきたこともあって、すぐ手に届くあたりから雪を集めてお湯を沸かすことにした。多少踏まれてゴミがあってももういいや、という気持ちだった。

風を避けつつストーブに火を付けて、鍋に雪をぶち込んで乱暴にお湯を作った。

夕食は湯煎するタイプのクラムチャウダーだ。インスタントと違って重いけれど、美味い。すぐに冷えるところが弱点だが冷える前に食べればよい。その他せんべいなどをほおばってカロリーを摂る。味わうどころか「食べる」ですらないかもしれない。カロリーを摂る。エネルギーを補充するために食べ物を口に入れる、そんな感じである。

空は透き通るように青かったので、このまま登ってしまいたかった。登るべきだろう、とも一瞬思った。が、白夜とはいえ、夜は気温が下がる。やはり、明日の朝に行こう、と決めて、寝袋にくるまった。

六月十日、いよいよ最終キャンプから頂上へ向かう。北米最高峰デナリの最終キャンプは、標高五二〇〇メートルの雪上にある。ぼくは昨夜ここに到着し、風に翻弄されながらもどうにかテントを張った。十八年ぶり二度目となるデナリ遠征も最終局面を迎えていた。

朝になっても天気は崩れていなかった。早いうちに出発すればよかったのだが、一人だとつい気持ちがゆるんでのろのろしてしまう。他の数隊が出発した後、自分も最終キャンプを発った。テント内に、寝袋やマット、余分な食料を残し、留守のあいだに風でテントが吹き飛ばないように入念にスノーブロックをまわりに重ねて、いよいよ頂上に向かうために歩き出した。

まず長大な斜面を左にトラバースしていく。登りはロープなしでこなせると思うが、下りはロープの確保なしで無事に戻れるだろうか、とまた考えてしまう。デナリは標高こそヒマラヤの高峰におよばないが、北極圏に近い高緯度にあるため、気象条件は過酷そのものだ。登山史に名を残す山田昇さんたちの隊は、この少し上部で風に飛ばされるなどして命を落としている。下りの危険を考えると憂鬱になるが、一人でここまで来た以上、仕方ない。

トラバースの途中、頂上に行けずに引き返してきた白人の男女二人組に出会う。「登頂できたんですか?」と英語で尋ねると、力なく首を横に振りながら「おれが体調を崩して引き返してきたんだ」と男が言った。先頭を行く彼のほうが女性よりふらふらしていたが大丈夫だろうか。

斜面にはかろうじて踏み跡があるのだが、登りと下りの登山者が交差することによって、その踏み跡もぐちゃぐちゃになっていく。決して登りやすい斜面ではない。

ようやく長いトラバースを終えて右に曲がり込むと視界が開け、「デナリパス」と呼ばれる場所に出た。そこから稜線上を登っていくと、徐々に高度感が出てくる。登りはアイゼンの前爪を蹴り込んで登ればいいが、下りは……と考える。しかし、ここまで来て引き返すという選択肢はない。

とにかく登って登って登りまくれ。自分にそう言い聞かせ、先行していた四人のイタリア隊やそれ以上の人数で連なっていたメキシコ隊を追い越した。やがて、今日の先頭を行く三人のアメリカ隊の後ろにつく。いくつか斜面を越えながら、最後にはアメリカ隊も追い越し、ぼくは一人トップに立った。これより先、頂上までのあいだに人は誰もいない。自分の中にある山への畏れよりも、嬉しさのほうがわずかに上回り、高揚する。

こんなに上部まで来たのに、雪の付いていない剝き出しの大きな岩があった。それを左に見ながら、さらに進んでいくと、目の前に巨大な壁が現れた。最後の登りである。これを登り切って稜線に出れば頂上は目前だ。

そんなときに雲が出はじめた。頂上稜線の後ろから、天に向かって猛烈に雲が吹き上げてくる。雪面を駆け抜ける風が見る見るうちに強まる。体感温度が下がってきたので、ザックから羽毛服を取り出して、ジャケットの下に着込んだ。雲は途切れなくわき上がり、上空から覆い被さってくる。（まずいな）と思っていると、あたりが白くなり、雪も吹き付けはじめた。そして視界がなくなった。

待っていても、天候回復の兆しはなく、行くしかない。最後の斜面にとり付くところに、黄色い小便の跡を見かけた。昨日の登頂者だろうか。わずかな踏み跡を頼りに登る。ようやく稜線に出た頃には、目も開けられないような吹雪になってしまった。直立していると危ないので、前屈みになりながら稜線を進む。この稜線上で飛ばされたらおしまいだ。「慎重に、とにかく慎重に」と自分に言い聞かせる程度の余裕はあった。

細い稜線を歩く。遠くに頂上が見えていれば距離もわかり希望ももてるのだが、真っ白で何も見えないと当然不安になる。いつ着くのか、まだ着かないのか。激しい吹雪のため、たどっていた踏み跡も消えてしまった。

やがて後ろからイタリア隊が追いついてきた。先頭の男に背中から声をかけられる。

「頂上までどのくらいなんだ？」

こっちが知りたいくらいだ。「知らないよ」と答えると、彼らはその場所から引き返してしまった。頂上まであとわずかだというのに、吹雪で身の危険を感じて引き返すという判断は天晴れと思うが、自分にはできない。ここまできたら頂上に行きたい、それしか頭になかった。

頂上には杭が刺さっているはずだ。十八年前もそうだったし、最近登頂した登山者の写真にも写っていた。が、踏み跡も消してしまうような吹雪である。もしかしたらあの杭も雪に埋もれて見えないかもしれない。杭が見えずに頂上を通り過ぎてしまったのか。そうも思った。

一つのこぶを越え、二つのこぶを越える。いくらなんでもこのあたりで頂上に着かないとおかしくないか。そう思ったとき、何メートルか先に杭が見えた。六月十日、十五時五十八分、頂上に着いたのだ。二度目の頂だったが、横殴りの雪と灰色の空しか見えなかった。

結局、イタリア隊とメキシコ隊は引き返し、アメリカ隊だけがほぼ同時刻に頂上に到着した。登頂した彼らの一人にカメラを渡し、杭の横で自分のことを撮影してもらう。頂上での写真は、そのまま登頂証明になるから、必ず撮っておかねばならない。ぼくもアメリカ隊からカメラを渡されて、三人の写真を撮影した。

十八年前のデナリ登山は、自分にとってはじめての高所登山だった。ぼくの体は極限まで疲弊し、高度障害で顔をむくませ、眠気と戦いながらどうにか頂上に立った。あのときは這う這うの体だったが、今日までの間にぼくは何度もヒマラヤに通い、経験値を上げた。一人でこの頂に立てたことで、今までの遠征がそんなに無駄でなかったんだな、と思う。

天気は相変わらずだったが、帰り道は不安が払拭されて少し気持ちに余裕がある。黙々と下った。心配した下りだったが、案外普通に下れるものだ。それでもいつも以上に慎重に下った。

頂上稜線でのあの強い風を思い出し、最終キャンプに張ったテントが飛ばされているのではないかと心配していたのだが、ぼくの小さな黄色いテントはそこにあった。二十時、テントの中に潜り込んで一息つく。もう食料もほとんど残っていない。

二時間ほど休憩し、二十二時に意を決してテントを撤収する。荷物をパッキングしてさらに安全な四三三〇メートルのキャンプに向けて、下りにかかった。もちろんこんな時間に下るやつもいないし、登ってくるやつもいない。

孤独な下りを続けていくなかで、四五〇〇メートルのコルで、鳥を見かけた。このあたりには登山隊が食料などを埋めているので、それを漁りに来たのかもしれない。ようやく出会ったもの言わぬ生き物に励まされる。

ウエストバットレスの最後の斜面を下る頃にはスタミナが尽き、足首も悲鳴をあげていた。何度も立ち止まり、ようやく四三三〇メートルのキャンプ地に帰り着いたのは夜の零時前後だった。そこでまたテントを立てねばならない。自立するタイプのテントなのをいいことに、ぼくはペグを打ち込むのも放棄した。スノーブロックがまわりにあるし、風も吹いていないので、自分がもぐり込めばその重さでテントが飛ぶことはないだろう。寝袋にもぐり込むと、ようやくほっとした。一人でデナリに登れたこと、そして安全な場所に帰ってこられたこと、その安堵感が何よりも幸せだった。腹も減ったし、体の全部を使い果たしてもう動けないが、ぼくは満たされていた。わずか二週間の登攀が、ここまでの充足感を与えてくれる。だから登山はやめられないのだ。

寝袋にもぐり込むがなかなか寝付けない。

深夜一時頃、隣のモンゴル人に「帰ってきたのか！」とテント越しに声をかけられた。「帰ってきたぜ！」と言えるのが嬉しかった。

その後は、走るように下った。足に翼が生えたように歩き続けた。ランディングポイントに到着後、セスナでタルキートナに戻り、バスに乗ってアンカレジへ帰った。ぼくは街のレストランでたらふくメシを食べ漁り、至福の時間を過ごしたのだった。

EPILOGUE

極北へ、ふたたび

シロクマは北極海の氷上でアザラシを捕食していた。そのまわりに海鳥が群がっている。シロクマの食べ残しをいただくつもりなのだろう。

ぼくが乗った船はシロクマの方角に向かってゆっくりと前進した。人が歩くくらいの速度で、ほとんど音もなく前進していった。北極海の海上には無数の氷塊が浮かんでいる。氷河の先端が塊として海に崩れ落ちたものもあれば、海水そのものが凍った蓮葉氷のようなものもある。足のある生き物はそうした氷上を容易に歩くことができる。生き物といっても、歩くのは北極キツネやシロクマくらいで、あとは海鳥が時折休んだり、泳ぎ疲れたアザラシが寝そべっていたりもする。

ぼくが出会ったのは、食べ物を探して氷上を渡り歩いていたシロクマだった。シロクマはすでにアザラシを捕まえて、氷をまな板のように使ってアザラシに食いついている。双眼鏡でその様子をのぞき込むと、血が点々と染みついた氷と肉塊が見えた。宴の跡といった雰囲気で、アザラシに飽きると、シロクマは食後の昼寝とばかりに寝そべった。時折船のほうを向くこともあったが、ほとんどぼくたちに無関心だった。何か大きなものが近づいてきてはいるものの、警戒を抱くほどのものではない、という意志がその身ぶりに表れている。アザラシを平らげた後だからだろうか、動きは緩慢で、寝返りをうったり、腹這いになったりしながら、食後のまどろみに幸せを感じているかのように見えた。

やがて食い残しのアザラシを残して、シロクマは後方に二〇メートルほど移動した。そこでまたしゃがみ込むと、シロクマはそのまま寝転がって動かなくなった。

ぼくは船のデッキ上から、双眼鏡と肉眼とによって、シロクマの動きに目を凝らしていた。こちらは乾いたデッキの上で北極圏の風に吹かれ、寒さを耐え忍んでいるというのに、あちらは冷たい氷に直接体が触れている。しかも、すぐ下は海だ。ふさふさした黄色い毛が最良の防寒着と理解はしているが、惰眠を貪るほどの暖かさに包まれているのかどうか。いくら想像力を駆使しても、シロクマの体感温度までは知る由もない。

夏の北極圏は白夜なので、夜になっても闇がこない。一日中明るい空の下で、シロクマは寝たいときに寝て、食べたいときに食べる。しかし、不安定な浮氷から浮氷へふわふわと彷徨いながら、たった一頭で不安にならないものだろうか。

獲物が見つからずに死ぬことを考えないのだろうか。何より寂しくないのか。

数時間ほどシロクマの様子を船上から飽きずに眺めていた。船は氷に割り込むようにして常に船首をシロクマのほうに向けてくれた。そろそろ人間も夕食の時間が近いということで、船は少しずつ転回し、シロクマから離れていった。

視界の端から消えるまでシロクマの姿をぼくは追った。船が去った後は、また悠々とした静寂が訪れ、時が流れていくのだろう。シロクマは氷上を歩き、アザラシなどを捕まえて、ただ生きる。そうした営みが今までと同じようにこれからも繰り返される。夏の北極圏の海上を船で二週間ばかり漂いながらぼんやりと考えたのは、そんな地球の営みのことばかりだった。ここは人間の時間が優先される土地ではない。


ぼくはグリーンランドの北東、スヴァルバール諸島を船で巡っていた。人が暮らしている土地としては最も北にある、あの島である。一回目に訪れたのは冬がまだ去り切っていない二〇〇七年四月、そして今回は二〇一七年六月から七月にかけての夏に訪れた。実に十年ぶりの再訪である。前回はあらゆるものが凍ってどこもかしこも雪と氷に覆われていたが、今回は地面が見えている。スノーモービルで一気に突っ切れた大地も、地面が出てくるようになってそうもいかなくなっていた。冬は陸路で行けた場所も、夏は船で海からしか上陸できないのだ。

この群島で最大の面積を誇る島はスピッツベルゲン島で、人が暮らしているのはこの島内のみだ。他の島々は人のいない荒野が広がっている。島全体が野生動物たちの住処になっていて、北極キツネやスヴァルバールトナカイ、シロクマらが徘徊し、海にはベルーガやクジラ、セイウチやアザラシ、空には三十種を超える鳥たちがいる。

氷上のシロクマを見た数日後、東のほうにある島に上陸した。その島の浜には三軒の無人小屋があり、近くにセイウチの群れがいた。昔はセイウチを獲るための漁師がこの小屋を使っていたらしい。セイウチの骨が散乱する浜を歩いていると、遠くに白っぽいものが横たわっているのが見える。死んだシロクマだった。船に同乗した生物学者によると、このシロクマは去年の秋に息絶えたらしい。死因は謎だが、病気、もしくは海でおぼれて弱り、浜で倒れて、そのまま雪をかぶって年を越した。そして、暖かくなって雪が溶け、浜が波で洗われて死骸が露わになったと推測される、と。

三歳の雌で、そんなにやせ細っているわけでもないので、餓死したということはなさそうだし、病気にかかるのもなかなか考えにくい。ぼくが最初に見たシロクマのように、氷上を歩いているとき、氷の崩壊などによって海に落ちておぼれ、浜にあがったけれど動けなくなってそのまま息絶えた、という筋書きは確かに考えられる。

誰も助けてくれずに動けなくなったシロクマは、自分の運命を呪っただろうか。極北とはそういう場所である。誰にも知られずに氷河が日々崩壊し、動物の生き死にが繰り返される。毎日、氷山や岩山、流れる氷や飛ぶ鳥の姿を見ながら、ぼくは時計の針が進んでいくのとは異なる、もっと大きな時の流れをこの地で感じずにはいられなかった。昆虫には昆虫の、動物には動物の、人間には人間の時間がある。そうしたいくつかある時間の振れ幅、あるいは単位のようなものが、極北の海上に来ると、緩やかに交錯し、わからなくなる。

セイウチの骨が散乱しシロクマの死骸が横たわる浜を横目に、ぼくたちは内陸に入っていった。分厚い長靴を履いていたのだが、苔むしたふかふかの地面と泥が交互にあらわれる大地に足をとられて歩くのに苦労した。丘にあがろうと斜面の上りに差し掛かると薄い石の層が露出した地面になり、多少は歩きやすくなった。深い霧の中、ひたすら斜面を登っていく。標高三〇〇メートルほどだろうか。小さな山の頂上に立った。風が強い。

ここからは、あの浜も、さらに内陸の氷河も、遠くの海も、隣の島も見渡せる。寒さに身をかがめながら風景に見入っていたそのとき、ポケットに入っていた携帯電話が振動した。丘の頂上にきて急に電波が入ったようだ。

夜もない夏の北極圏は、ぼくの中にある時間の感覚を狂わせる。何千年という時間の流れと、わずか百年にも満たない自分の人生と、二十四時間の一日のサイクルと。ぼくの知らないところでシロクマがアザラシに食らいつき、浜で動けなくなって死ぬ。誰かがぼくの携帯電話を鳴らし、そこでは昼夜を問わず忙しく働いている人がいる。そういう世界に生きていることを、ぼくは孤高の島の上であらためて知る。

(ああ、また極北にやってきたんだな、自分は)

二十歳のユーコン川下りとデナリ登頂からはじまった北への旅は三十代に入っ

て中断した後、十八年ぶり二度目のデナリ遠征によって再び幕を開けた。デナリから下山して、約一年後に二度目のスヴァルバール行きが実現するなんて思いもよらなかった。

二〇一七年六月三十日、ぼくは北極海を前進する船上で誕生日を迎え、ついに四十歳になってしまった。植村直己さんも星野道夫さんも奇しくも同じ四十三歳でこの世を去っている。だからなんだと言われればそれまでだが、彼らの著作や、何より生き方そのものに影響を受けて極北への旅をはじめた自分は、あの頃の若い自分を遠い世界へと旅立たせるほどの言葉を紡ぎ、経験を語ってこれただろうか、と考えてしまう。そのことに関しては甚だ心もとないが、少なくとも二人と同じくらいの濃密さでこの四十年間を駆け抜けてきた、というわずかな自負はある。

ちっぽけな人間に与えられた短い生の時間の中で、アラスカやグリーンランドやスヴァルバールといった悠久の時を感じさせる極北の地と交われたのは幸運だった。何よりデナリという、指針となる山に最初に巡り合えたことこそが僥倖《ぎょうこう》である。

これから何十年生きられるのかわからないが、極北のさらに北に向かって歩き続けたい。たとえあのシロクマのように岸辺でのたれ死んだとしても、いい。ぼくがこの地でこれまで出会ってきた人々のように、時の流れに身を委ねながら悔いなく生きたいのだ。それがこの世界の大きな循環の輪に溶け込む唯一の術だと思っている。

旅は終わらない。生きている限り、そうそう簡単に終えられるものではない。コンパスの赤い針が射す方角に見える山、川、海、そしてそこに生きる人々のことを想いながら、ぼくは今を生きようと思うのだ。

解説

渡邊十絲子

石川直樹の文章を読むと感じる、独特の心地よさがある。抑制された文体はシンプルに美しく、ことばの清潔さが目にしみるような気がする。

以前わたしはそれを勘違いして、極地や高山などのきびしい環境に身を置いた人の書くものが、自分は好きなのだと思っていた。だからずいぶんたくさんの冒険記を読んだが、それらからいつも同じ手ごたえが得られるわけではなかった。極限状況を生き抜いた人の書くものであっても、心に響かないこともある。何が違うのだろうかと考えていたが、最近になって少しわかってきた。

ちょっと遠回りになるが、この心地よさの正体を確かめるために、その対極にあるものについて書いてみたい。心地よくないことばに接した体験だ。

もうかなり前のことだが、テレビの討論番組を見た。スタジオに大学生を何十人も集め、若い世代の視点で社会問題を検討しようという特番だった。学生はつぎつぎに手を挙げて考えを語り、司会者は手際よくかれらの話をまとめ、その意見に賛成する人や反対する人を指して論拠を聞いた。まず驚いたのは、どの学生も意見をよどみなく言い切ることだった。わたしは、これは芝居ではないかと疑った。

学生の意見はすべて、そういう立場があるだろうとあらかじめ予想できるいくつかのパターンのどれかを選んだものであり、そこに個性はなかった。意見のテンプレートのようなものをなぞるだけの、伝わりやすく分類しやすい話が続いた。まだ社会に出ていない学生ならではの潔癖な感受性など、どこからも出てこなかった。そこにあるのは、分析力や行動力があることを示し、自分の「主体性」を演出しようとする態度だけだった。

あるテーマのとき、男子学生が手を挙げて発言を始めた。かれはその番組中唯一、ほかの誰とも違うひとりの人間として、個性的な見解を述べようとした。それは当然、短くわかりやすくまとまる話ではない。かれの話は滑らかには進まず、行ったり来たりし、やや混沌としてきた。

そのとき司会者は急にかれの話をさえぎり、「きみ立論できないのか？　立論できないなら話をやめてくれ」と言った。わたしはがっかりし、自分自身が傷つけられたように感じた。ここは、出来合いのパッケージにおさまったことばをやりとりするだけの場なのだ。新しい視点の提出もなく、だれかの話に説得されてものの見方が変わる体験もなく、ただパターン化された意見をぶつけあって他人を言い負かそうとする。それは、ことばが蹂躙されている光景だった。

発言をさえぎられた学生は、出来合いではない、新しいことばを語ろうとしていた。まだみんなが（自分自身を含めた「みんな」だ）知らないことを伝えようとしたら、まとまらない雑談のように聞こえるのは当たり前ではないか。ほんとうに価値があるのは、自分でも意識できていなかった内容を、「話す」行為を通じて発見することだから、探り探り、行ったり来たりして話すことはむしろ必要である。受け手が即時にパターン認識できることばだけで構成されるテレビ番組は、現代日本の息苦しさを象徴していた。

わたしが求めているのは、勝利や支配を目的としない、やわらかい、みずみずしい、不定形のことばである。石川直樹の文章は、そういうことばでできている。おおげさに見得を切るところなどひとつもない（つまりそれが清潔ということだ）が、書き手の個別性はちゃんと顔をのぞかせる。文章の裏側に人の存在を感じとりながら読む。やわらかな文章は、読み手をしずかに受け入れてくれる。

山に行く人は多い。なぜ行くのかは、人それぞれだ。ある人びとは、難しい山や成功例の少ないルートを「征服するために」山に行く。そのとき主役はあくまでも自分で、山は「手段」である。そのことは、その人が書く冒険記に、かなり露骨に表れる。しかしそういう人だって山が好きなのだ。山をこよなく愛し、人生をかけて山とつきあうことと、その山を手段として自己実現をはかることとは、矛盾なく両立しうる。そういう生き方もあると思う。しかしそこから、わたしの求めていることばは生まれてこない。

人がなんらかの目標を定め、それを達成する「ために」逆算して行動するとき、人の視野は狭くなり、環境や条件のすべては「自分がコントロールすべきもの」ととらえられる。高い山の環境など人間がコントロールできるはずがないことは承知で、それでもコントロールすることをひとつの理想形と考え、理想形に足りないものを埋めていくかたちで努力する。これは、人間が万物の霊長であり、最終的にはすべての自然に優越すべきなのだという考え方と通底する。

石川直樹はぜんぜん違う。なにかをコントロールしようとしないし、そもそもコントロールすべきだという発想がない。山と自分も、他者と自分も、対等の存在である。

若き日に、世界を旅して生きていきたいと思い、まだ見ぬ何かを探してさまよっているとき、カヌーイストの野田知佑に会う。野田の著書が魅力的だったから本人に会いに行ったのだが、うちあけた進路の悩みに対して「大学に行け」と言われ、意外だと思いながらそれに従う。主体性をアピールして抗う姿勢が少しもない。

北米大陸の最高峰デナリに登ったあとに訪れたアンカレジでは、ふらっと立ち寄った書店で冒険家の河野兵市に遭遇する。それはほんとうに偶然のことで、その直前に、買うつもりもないのに毛皮屋などを覗いていたためにそのタイミングで書店に入っただけなのだという。短い会話をかわし、河野につられて同じ写真集を買う。のちにレゾリュートで再会するが、それが生きた河野を見た最後となる。

主体性をもって出会いを実現するのではない。相手もチャンスもタイミングも、なにもコントロールしない。偶然の巡り合わせや相手の意外な反応を、ただすっと受け入れる。石川直樹の書く文章の底には、いつもこうした自然体の「受け身」が横たわっている。それがわたしの心を動かすもとになっているのだと思う。

学生たちの討論番組に強い違和感をもったのも、石川直樹の文章に親和性を感じてひかれるのも、根のところは同じだ。世の学生たちは、能動的であれ、主体的に計画や行動をしろと追い立てられているが、芸術家はむしろ主体性を超えなければお話にならない。自分が立てたプランをきっちり実現しただけのものは、芸術作品にはなり得ない。

芸術家はいつも、自分の力の及ばないものとともに生きている。こういうものを表現したいという願いが最初にあったのだとしても、自分のなかにある「美」の強烈な魅力だけを指針に、暗闇を走りまわるような試行錯誤をして、その結果、思ってもみなかった要素を呼び込んでしまう。それこそが「作品の成立」であり、自分がコントロールできないものを招き寄せることが芸術家の資質である。

石川直樹は冒険家であるよりは芸術家であり、わたしは同じことばの使い方をする仲間を求めてかれの文章を読むのだろう。わたしもまた、「受け身」で生きる人間だから。われわれの「受け身」は、遠いところにある超越的なものを、いつまでもじっと見続けるためにとる姿勢である。

（詩人）

この作品は二〇一八年毎日新聞出版より刊行されました。

石川直樹（いしかわ・なおき）
一九七七年東京生まれ。写真家。東京藝術大学大学院美術研究科博士後期課程修了。人類学、民俗学などの領域に関心を持ち、辺境から都市まであらゆる場所を旅しながら作品を発表し続けている。二〇〇八年『NEW DIMENSION』（赤々舎）、『POLAR』（リトルモア）により日本写真協会賞新人賞、講談社出版文化賞。二〇一一年『CORONA』（青土社）により土門拳賞を受賞。二〇二〇年『EVEREST』（ＣＣＣメディアハウス）、『まれびと』（小学館）により日本写真協会賞作家賞を受賞した。著書に、開高健ノンフィクション賞を受賞した『最後の冒険家』（集英社）、『地上に星座をつくる』（新潮社）、『たくさんのふしぎ／アラスカで一番高い山』（福音館書店）、『増補版 富士山にのぼる』（アリス館）ほか多数。

カバーデザイン　田部井美奈
写真　石川直樹

毎日文庫

極北《きょくほく》へ

印刷 2021年7月20日
発行 2021年8月5日

著者 石川直樹《いしかわなおき》
発行人 小島明日奈
発行所 毎日新聞出版
東京都千代田区九段南1-6-17 千代田会館5階
〒102-0074
営業本部：03（6265）6941
図書第一編集部：03（6265）6745
ブックデザイン 鈴木成一デザイン室
印刷・製本 中央精版印刷

ISBN978-4-620-21036-0